Dr. Oetker

Partyhäppchen

WILHELM HEYNE VERLAG
MÜNCHEN

VORWORT

Anlässe, Partyplatten und Finger-food zu servieren gibt es mehr als genug. Es fängt an bei der Einladung zu einem Glas Wein oder einem Spieleabend; ein paar nette Kleinigkeiten sind schnell gezaubert und finden dankbare Abnehmer.

Je nach Personenzahl können mehr oder weniger Rezepte zubereitet werden. Und das Schönste ist: Die Häppchen wandern direkt von der Hand in den Mund.

KAPITELÜBERSICHT

Snacks mit Fleisch

Snacks mit Fisch

Gemüse und Kartoffeln

Käse, Brot und Ei

S N A C K S
MIT FLEISCH

*HÄHNCHENBRUST-HÄPPCHEN,
REZEPT SEITE 10*

DIE ZUTATEN:

5 SCHEIBEN WEIZENBROT
300 g HÄHNCHENBRUST-
FILET
SALZ
FRISCH GEMAHLENER
PFEFFER
2 EL SPEISEÖL
4 EL MAYONNAISE
1 TL CURRY
ZITRONENSAFT
2 ZWEIGE GLATTE
PETERSILIE

HÄHNCHENBRUST-HÄPPCHEN

(FOTO SEITE 8/9 – 10 STÜCK)

1. Brotscheiben halbieren und toasten.

2. Hähnchenbrustfilet unter fließendem kalten Wasser abspülen und trockentupfen, mit Salz und Pfeffer würzen.

3. Öl erhitzen, Hähnchenbrustfilet von beiden Seiten darin etwa 10 Minuten goldbraun braten, auf Küchenpapier abtropfen lassen und in Scheiben schneiden.

4. Mayonnaise mit Curry, Salz und Zitronensaft verrühren. Mayonnaise auf die Brotscheiben streichen, mit je 2 Scheiben Filet belegen.

5. Petersilie abspülen, trockentupfen und Blätter von den Stängeln zupfen. Blätter dekorativ auf die Häppchen legen.

DIE ZUTATEN:

3 SCHALOTTEN
2 CORNICHONS
1 EIGELB (GRÖSSE M)
250 g TATAR
SALZ
1 EL KAPERN
1 TL SCHARFER SENF
FRISCH GEMAHLENER
PFEFFER
PAPRIKA EDELSÜSS
3–4 GROSSE FRISÉE-
SALATBLÄTTER
20 PUMPERNICKELTALER
50 g BUTTER
5 COCKTAILTOMATEN

TATAR-HÄPPCHEN *(FOTO – 20 STÜCK)*

1. Schalotten abziehen und ebenso wie die Cornichons in kleine Würfel schneiden. Cornichonwürfel, Eigelb, die Hälfte der Schalottenwürfel und Tatar vermengen. Mit Salz, Kapern, Senf, Pfeffer und Paprika abschmecken.

2. Friséeblätter abspülen, trockentupfen und in kleine Stücke teilen. Pumpernickelscheiben mit Butter bestreichen, Salatblätter darauf legen und darauf die Tatarmischung geben.

3. Cocktailtomaten waschen und vierteln. Tomatenviertel zusammen mit den restlichen Schalottenwürfeln auf die Häppchen verteilen.

Tipp:
Wer keine Pumpernickeltaler bekommt
kann auch 5 große Pumpernickelscheiben
nehmen und diese vierteln.

DIE ZUTATEN:

4 BAGUETTE-BRÖTCHEN
4 EL MAYONNAISE
1 KLEINER KOPFSALAT (IN STREIFEN GESCHNITTEN)
12 SCHEIBEN GEBRATENES ROASTBEEF
12 TOMATENSCHEIBEN
GROBER PFEFFER
1 PCK. KRESSE
EINIGE GEWÜRZGURKEN

POOR BOYS *(16 Stück)*

1. Brötchen längs halbieren und toasten, anschließend mit Mayonnaise bestreichen.

2. Kopfsalatstreifen auf die unteren Hälften verteilen, mit je 3 Scheiben Roastbeef und 3 Scheiben Tomaten belegen, mit Pfeffer würzen und Kresse bestreuen.

3. Die Brötchenoberteile darauf legen und mit Gewürzgurken garnieren. Am besten mit einem elektrischen Messer in je 4 Stücke schneiden.

VITELLO TONNATO *(40 Stück)*

DIE ZUTATEN:

600 g MAGERES KALB-FLEISCH
2 LORBEERBLÄTTER
4 NELKEN
2 ABGEZOGENE ZWIEBELN
2 l SALZWASSER

FÜR DIE THUNFISCHSAUCE:
2 DOSEN (à 185 g ABTROPFGEWICHT) THUNFISCH
SAFT VON 1–2 ZITRONEN
150 g MAYONNAISE
1 BECHER (150 g) CRÈME FRAÎCHE
2 EL KAPERN
SALZ
FRISCH GEMAHLENER PFEFFER

1. Kalbfleisch unter fließendem kalten Wasser abspülen, mit Lorbeerblättern, Nelken und geviertelten Zwiebeln in das kochende Salzwasser geben und etwa 1 ½ Stunden garen lassen. Das Fleisch nach der Garzeit in dem Sud erkalten lassen.

2. Für die Sauce Thunfisch gut abtropfen lassen, mit etwas Zitronensaft pürieren. Mit Mayonnaise und Crème fraîche verrühren.

3. Einen Esslöffel Kapern fein hacken und mit Salz und Pfeffer unter die Masse rühren.

4. Das Fleisch aus der Brühe nehmen, trockentupfen und in sehr dünne Scheiben schneiden (am besten mit einer Aufschnittmaschine).

5. Die Sauce auf die Scheiben streichen, mit einigen Kapern bestreuen. Das Fleisch aufrollen und auf einer Platte anrichten.

DIE ZUTATEN:

**5 SCHEIBEN (ETWA 250 g)
HOLSTEINER SCHINKEN
3–4 EL KARTOFFELSALAT
SCHNITTLAUCHHALME**

SCHINKENBEUTELCHEN

(FOTO – 10 STÜCK)

1. Schinkenscheiben halbieren. Die Kartoffelstücke des Salates evtl. etwas zerkleinern.

2. Kartoffelsalat auf den Schinkenscheiben verteilen und den Schinken zu Beuteln zusammenfassen.

3. Die Beutelchen mit Schnittlauchhalmen zusammenbinden.

Tipp:

Kartoffelsalat kann fertig gekauft oder selbst gemacht werden. Für den selbst gemachten Salat 2–3 Pellkartoffeln in kleine Würfel schneiden. Mit 1 Esslöffel Mayonnaise und 1 kleinen, in Würfel geschnittenen Gewürzgurke verrühren, mit Salz und Pfeffer abschmecken.

DIE ZUTATEN:

**8–10 SCHEIBEN SCHWARZWÄLDER SCHINKEN
3–4 SCHWARZBROTSCHEIBEN
3–4 EL BACKPFLAUMENCHUTNEY (AUS DEM GLAS, FERTIGPRODUKT)**

SCHWARZWÄLDER SCHINKEN MIT PFLAUMEN-CHUTNEY

(FOTO – 8–10 STÜCK)

1. Schinken zu Röllchen formen und auf einer Platte in einer Reihe anrichten.

2. Schwarzbrot mit Backpflaumen-Chutney bestreichen und in Streifen schneiden. Eine Reihe Brotstücke parallel zu den Schinkenröllchen legen.

Tipp:

Statt Backpflaumen-Chutney kann auch Pflaumenmus, mit Rotweinessig, Salz und Pfeffer verrührt, verwendet werden. Nach Belieben frische, in Rotweinessig und Zucker gedünstete, erkaltete Pflaumenviertel dazureichen.

DIE ZUTATEN:

1 GELBE PAPRIKASCHOTE
1 MÖHRE
2 FRÜHLINGSZWIEBELN
2 EL ESSIG
1 EL ZUCKER
SALZ
FRISCH GEMAHLENER
PFEFFER
4 EL SPEISEÖL
8 SCHEIBEN GEKOCHTER
SCHINKEN

SCHINKENRÖLLCHEN MIT GEMÜSESTREIFEN

(FOTO SEITE 15 – 8 STÜCK)

1. Paprikaschote halbieren, entstielen, entkernen, die weißen Scheidewände entfernen, Schoten waschen und der Länge nach in Streifen schneiden. Möhre putzen, schälen, waschen und in dünne Streifen schneiden. Die Streifen sollen so lang wie die Paprikastreifen sein.

2. Die Gemüsestreifen in kochendem Salzwasser 2–3 Minuten blanchieren. Das Gemüse mit einer Schaumkelle aus dem Wasser nehmen und dann in Eiswasser geben (damit das Gemüse die Farbe behält).

3. Von den Frühlingszwiebeln das Weiße abschneiden, in feine Streifen schneiden (in der Länge der anderen Gemüsestreifen), waschen und trockentupfen.

4. Essig, Zucker und Salz aufkochen lassen, mit Pfeffer und Öl verrühren, über das Gemüse geben und etwa 60 Minuten durchziehen lassen.

5. Die Schinkenscheiben ausbreiten, das Gemüse so darauf verteilen, dass es an einem Ende des Schinkens sichtbar bleibt. Den Schinken aufrollen.

6. Das Grüne der Frühlingszwiebeln waschen, kurz blanchieren, dann in kaltes Wasser legen, trockentupfen und um die Schinkenscheiben wickeln.

DIE ZUTATEN:

200 g BÜNDNERFLEISCH,
HAUCHDÜNN GESCHNITTEN
CORNICHONS
PERLZWIEBELN

BÜNDNERFLEISCH

(FOTO SEITE 15 – 15 STÜCK)

1. Bündnerfleisch zu Rosen drehen und diese kreisförmig anordnen. Mit Cornichons und Perlzwiebeln garnieren.

Tipp:
Eingelegte Maiskolben oder Mixed Pickles können zu dem Schinken gereicht werden. Dazu passt ein deftiges Bauernbrot.

WESTFÄLISCHER SCHINKEN AUF GURKENSCHEIBEN

(FOTO SEITE 15 – 12 STÜCK)

(FOTO SEITE 15 – 12 STÜCK)

DIE ZUTATEN:

125 g SPEISEQUARK
1 EL WEIZENKORN
1 SCHEIBE SCHWARZBROT
3–4 RADIESCHEN
SALZ
FRISCH GEMAHLENER PFEFFER
ETWA 12 SALATGURKEN-SCHEIBEN
3 DÜNNE SCHEIBEN WESTFÄLISCHER KNOCHENSCHINKEN

1. Quark mit Korn verrühren. Schwarzbrot zerkrümeln. Radieschen putzen, waschen und in kleine Würfel schneiden. Beide Zutaten in den Quark rühren. Mit Salz und Pfeffer abschmecken.

2. Den Quark auf die Gurkenscheiben verteilen. Jede der Schinkenscheiben in 4 Streifen schneiden, zu Rosen drehen und auf den Quark setzen.

Tipp:
Nach Belieben noch mit Radieschen garnieren.

SCHINKENTASCHEN MIT FEIGEN *(18 STÜCK)*

DIE ZUTATEN:

5 FRISCHE FEIGEN
4 EL SHERRY
60 g GEMAHLENE PINIEN-KERNE
1 EL GEHACKTE ZITRONEN-MELISSE
1 SCHEIBE TOASTBROT
18 SCHEIBEN (ETWA 250 g) SERRANOSCHINKEN (NICHT ZU DÜNN GESCHNITTEN)
EVTL. EINIGE ZITRONEN-MELISSEBLÄTTCHEN

1. Feigen waschen, trockentupfen, vierteln, das Fruchtfleisch herauslösen und klein schneiden. Das Fruchtfleisch mit 2 Esslöffeln Sherry, Pinienkernen und Zitronen-melisse verrühren.

2. Toastbrot in 18 Würfel schneiden und diese mit dem restlichen Sherry tränken.

3. Je 1 Teelöffel Feigenmasse auf jede Schinkenscheibe verteilen. Jeweils einen Brot-würfel auf die Feigenmasse geben und die Schinkenscheiben zu einer Tasche falten.

4. Die Schinkentaschen auf die Feigenviertel legen und nach Belieben mit Zitronen-melisse garnieren.

Tipp:
Statt des spanischen Serranoschinkens kann auch Parmaschinken genommen werden.

600 g GEHACKTES (HALB RIND-, HALB SCHWEINE-FLEISCH)
SALZ
FRISCH GEMAHLENER PFEFFER

FÜR DIE SAUCE:
4 EL SPEISEÖL ODER BUTTER ZUM BRATEN
1 KLEINE ZWIEBEL, IN WÜRFEL GESCHNITTEN
1 KLEINE BANANE, IN WÜRFEL GESCHNITTEN
1 TL CURRYPULVER
200 ml SCHLAGSAHNE
ETWAS ANANASSAFT

12 KLEINE HAMBURGER BRÖTCHEN
6 KLEINE SCHEIBEN ANANAS (AUS DER DOSE)

MINI-BURGER *(12 Stück)*

1. Gehacktes in eine Schüssel geben, mit Salz und Pfeffer würzen, gut verkneten und 12 kleine Hamburger davon formen (das geht am besten mit nassen Händen).

2. Zwei Esslöffel Öl oder Butter in einem kleinem Topf erhitzen, Zwiebel- und Bananenwürfel darin andünsten, mit Curry bestäuben, mit Sahne und Ananassaft etwa 10 Minuten unter gelegentlichem Umrühren verkochen.

3. Hamburger Brötchen halbieren und im Backofen bei 100 °C erwärmen.

4. Das geformte Hackfleisch und Ananasscheiben in dem restlichen Öl 8–10 Minuten braten. Das gebratene Fleisch auf die unteren Brötchenhälften legen, mit je einer halben Ananasscheibe belegen, etwas Currysauce darüber geben und mit der zweiten Brötchenhälfte bedecken. Restliche Currysauce extra reichen.

Tipp:
Je 2 Esslöffel rote und grüne Paprikawürfel unter die Fleischmasse kneten und ein Salatblatt unter das Fleisch legen.

Chicken Wings *(16 Stück)*

1. Hähnchenflügel unter fließendem kalten Wasser abspülen, trockentupfen und mit Salz und Pfeffer bestreuen.

2. Butterschmalz in einer Pfanne erhitzen, die Hähnchenflügel darin anbraten, bei mittlerer Hitze zugedeckt etwa 20 Minuten schmoren lassen.

Tipp:

Dazu einen Knoblauch-Dip reichen: Für den Dip 150 g saure Sahne, 150 g Joghurt, 3 El Crème fraîche, Salz, frisch gemahlenen Pfeffer, 1 abgezogene, zerdrückte Knoblauchzehe, 1 Bund fein gehackten Dill und 50 g geröstete Sonnenblumenkerne verrühren.

DIE ZUTATEN:

16 HÄHNCHENFLÜGEL
SALZ
FRISCH GEMAHLENER PFEFFER
25 g BUTTERSCHMALZ

DIE ZUTATEN:

2 HÄHNCHENBRUSTFILETS
(à 125 g)

FÜR DIE FÜLLUNG:
4 SALBEIBLÄTTER
4 IN ÖL EINGELEGTE
TOMATEN
JE 10 GRÜNE UND
SCHWARZE OLIVEN
1 EL PESTO (AUS DEM
GLAS)
2 EL ABGEZOGENE,
GEMAHLENE MANDELN

2 EL OLIVENÖL

125 ml (⅛ l) SCHLAG-
SAHNE
ZITRONENSAFT
1 EL TOMATENMARK
SALZ, PFEFFER

GEFÜLLTE HÄHNCHEN-BRUSTFILETS *(ETWA 12 SCHEIBEN)*

1. Hähnchenbrustfilets unter fließendem kalten Wasser abspülen, trockentupfen, quer aufschneiden und auseinanderklappen, so dass flache Schnitzel entstehen.

2. Für die Füllung Salbeiblätter abspülen, trockentupfen und hacken. Tomaten in kleine Würfel schneiden. Oliven entkernen und klein schneiden.

3. Die vorbereiteten Zutaten für die Füllung mit Pesto und Mandeln vermischen und die Hähnchenbrustfilets damit bestreichen. Die Hähnchenbrustfilets aufrollen und mit Küchengarn zusammenbinden.

4. Öl in einer Pfanne erhitzen, das Geflügel von allen Seiten gut darin anbraten und zugedeckt etwa 20 Minuten schmoren lassen. Das Fleisch dann erkalten lassen.

5. Die Hähnchenbrustfilets in dünne Scheiben schneiden und auf einer Platte anrichten.

6. Sahne steif schlagen, mit Zitronensaft, Tomatenmark, Salz und Pfeffer abschmecken und extra dazureichen.

Tipp:
Statt Hähnchenbrustfilet kann auch Putenbrustfilet genommen werden. Nach Belieben die Hähnchenbrustfiletscheiben mit Oliven und Petersilie garnieren.

DIE ZUTATEN:
200 g FRISCHE APRIKOSEN
150 g ERDBEEREN
100 g MASCARPONE
1 EL ZITRONENSAFT
1 TL BALSAMICO-ESSIG
SALZ
FRISCH GEMAHLENER
PFEFFER
8 SCHEIBEN (ETWA 200 g)
GEFLÜGELAUFSCHNITT MIT
HÄHNCHENBRUST

GEFLÜGELRÖLLCHEN MIT OBST *(8 STÜCK)*

1. Aprikosen waschen, trockentupfen, halbieren und entsteinen. Erdbeeren waschen, gut abtropfen lassen und entstielen. Beide Zutaten in kleine Würfel schneiden.

2. Mascarpone mit Zitronensaft und Essig verrühren. Das Obst darunter heben und mit Salz und Pfeffer abschmecken.

3. Das Obst auf dem Geflügelaufschnitt verteilen und aufrollen.

Tipp:
Statt frischer Aprikosen können auch gut abgetropfte Dosenfrüchte (Aprikosen oder Pfirsiche) genommen werden.

DIE ZUTATEN:

125 g GERÄUCHERTER PUTENFLEISCHAUFSCHNITT (IN SCHEIBEN)
100 g HONIGMELONE (OHNE SCHALE)
50 g CHICORÉEBLÄTTER
3–4 DATTELN
1 GEH. EL ROSINEN

FÜR DIE SALATSAUCE:
1 EL CRÈME FRAÎCHE
1–2 EL ZITRONENSAFT
1 TL CURRYPULVER
1 MSP. GEMAHLENER ZIMT
SALZ, PFEFFER
1 PRISE ZUCKER
1 EL GEHACKTE MINZE

16 CROUSTADES ODER HERZHAFTE MINI-TORTELETTES
EVTL. EINIGE CHICORÉE-BLÄTTERSPITZEN

GEFLÜGELSALAT-HÄPPCHEN

(FOTO SEITE 21 – 16 STÜCK)

1. Putenaufschnitt in feine Streifen schneiden. Honigmelone in Stücke schneiden. Chicoréeblätter putzen, waschen, trockentupfen und in Streifen schneiden. Datteln und Rosinen in kleine Würfel schneiden.

2. Für die Salatsauce Crème fraîche mit Zitronensaft, Curry, Zimt, Salz, Pfeffer und Zucker verrühren.

3. Die Salatzutaten mit der Salatsauce vermischen und abschmecken. Minze hinzugeben.

4. Die Croustades oder Mini-Tortelettes mit den Chicoréespitzen auslegen und den Geflügelsalat darauf verteilen.

Tipp:
Datteln oder Rosinen mit 1 Esslöffel Rum beträufeln, etwas stehen lassen, dann mit den restlichen Salatzutaten vermengen.

DIE ZUTATEN:

400 g HACKFLEISCH (HALB RIND-, HALB SCHWEINEFLEISCH)
1 EI (GRÖSSE M)
SALZ, PFEFFER
PAPRIKA EDELSÜSS
125 ml (⅛ l) SPEISEÖL
2 MITTELGROSSE ZWIEBELN
½ ROTE PAPRIKASCHOTE
½ GRÜNE PAPRIKASCHOTE

CEVAPCICI *(16 STÜCK)*

1. Hackfleisch mit dem Ei vermengen und mit Salz, Pfeffer und Paprika würzen. Aus der Masse etwa 16 fingergroße Rollen formen.

2. Das Öl erhitzen und die Röllchen darin etwa 5–7 Minuten braten und dann erkalten lassen.

3. Zwiebeln abziehen und in Ringe schneiden. Paprikaschoten entstielen, Kerne und weiße Scheidewände entfernen, die Paprikaschoten waschen und in Stücke schneiden.

4. In jedes Fleischröllchen ein kleines Holzstäbchen mit einem Paprikastück stecken, die Zwiebelringe darüber verteilen. Mit Paprikapulver bestäuben.

HACKBÄLLCHEN MIT ROQUEFORTFÜLLUNG *(16 Stück)*

1. Knoblauch abziehen und fein würfeln. Birne schälen, halbieren, das Kerngehäuse herausschneiden und die Birne in feine Würfel schneiden.

2. Rindergehacktes mit Knoblauch, Birnenwürfeln, Semmelbröseln, Ei, Tomatenketchup, Petersilie, Salz und Pfeffer gut vermengen.

3. Käse in kleine Stücke schneiden, aus dem Fleischteig 16 walnussgroße Klößchen formen, ein Loch in jedes Klößchen drücken, ein Stück Roquefort hineingeben, die Klößchen wieder gut zusammendrücken, in Semmelbröseln wenden.

4. Portionsweise schwimmend in siedendem Ausbackfett jeweils etwa 5 Minuten ausbacken, auf Haushaltspapier abtropfen lassen und kalt servieren.

Tipp:
Nach Belieben mit Cocktailsauce (Fertigprodukt) servieren. Die Hackbällchen können auch in der Pfanne mit 3-4 Esslöffeln Speiseöl gebraten werden.

Hackbällchenplatte

DIE ZUTATEN:

1 KNOBLAUCHZEHE
1 BIRNE (ETWA 150 g)
300 g RINDERGEHACKTES
20 g SEMMELBRÖSEL
1 EI (GRÖSSE M)
2 EL TOMATENKETCHUP
2 EL GEHACKTE PETERSILIE
SALZ
FRISCH GEMAHLENER PFEFFER
75 g ROQUEFORTKÄSE
40 g SEMMELBRÖSEL
1 kg AUSBACKFETT

DIE ZUTATEN:

200 ml WEISSWEINESSIG

125 ml (1/8 l) APFELSAFT

1 LORBEERBLATT

3 WACHOLDERBEEREN

**5 SCHWARZE PFEFFER-
KÖRNER**

1 PRISE ZUCKER

**ETWA 400 g KASSLER-
FILET (KASSLERKOTELETT
AUSGELÖST)**

**100 g GRÜNE, KERNLOSE
WEINTRAUBEN**

1 APFEL

3 EL SONNENBLUMENÖL

SALZ

**FRISCH GEMAHLENER
PFEFFER**

MARINIERTES KASSELER-FILET *(4 PORTIONEN)*

1. Weißweinessig, Apfelsaft mit Lorbeerblatt, Wacholderbeeren, Pfefferkörnern und Zucker zum Kochen bringen.

2. Das Fleisch unter fließendem kalten Wasser abspülen und in dem Sud etwa 30 Minuten ziehen lassen, dann das Fleisch in dem Sud erkalten lassen.

3. Das Fleisch aus dem Sud nehmen, in dünne Scheiben schneiden und auf einer Platte anrichten.

4. Von der Sudflüssigkeit 100 ml abmessen. Weintrauben waschen und von den Stielen zupfen. Apfel waschen, halbieren, das Kerngehäuse entfernen, das Fruchtfleisch in Würfel schneiden.

5. Den abgemessenen Kochsud mit den Weintrauben, den Apfelwürfeln, Sonnenblumenöl, Salz und Pfeffer verrühren und über das Fleisch geben.

Tipp:

Nach Belieben etwas Sud mit Gelatine andicken und über dem Fleisch verteilen, so dass das Fleisch glasiert ist.

DIE ZUTATEN:

**ETWA 175 g WALDORF-
SALAT (AUS DEM KÜHL-
REGAL, FERTIG GEKAUFT)**

**8 SCHEIBEN (ETWA 150 g)
ROASTBEEF ALS
AUFSCHNITT**

ROASTBEEFRÖLLCHEN *(8 STÜCK)*

1. Jeweils ein Achtel des Waldorfsalates in die Mitte einer Roastbeefscheibe geben. Die Roastbeefscheiben aufrollen.

Tipp:

Nach Belieben die Roastbeefröllchen auf in Scheiben geschnittene Babyananas legen.

DIE ZUTATEN:

**2 EL ABGEZOGENE,
GEMAHLENE MANDELN**

**4 TL BASILIKUMPASTE IN
ÖL (FERTIGPRODUKT AUS
DEM GLAS)**

**6 SCHEIBEN (ETWA 125 g)
SCHINKENWURST
(FLEISCHWURST Ø 9 cm)**

6 PERLZWIEBELN

SCHINKENWURST-RÖLLCHEN

(FOTO SEITE 25 – 12 STÜCK)

1. Mandeln in einer beschichteten Pfanne leicht anrösten und dann erkalten lassen.

2. Mandeln mit der Basilikumpaste verrühren. Die Paste auf die Schinkenwurstscheiben streichen.

3. Die Wurstscheiben mit einem Messer halbieren und aufrollen.

4. An jeden Holzspieß eine Perlzwiebel stecken und in die Röllchen spießen.

Tipp:
Nach Belieben mit Basilikumblättern garnieren.

DIE ZUTATEN:

**6 SCHEIBEN
FLEISCHWURST**

FÜR DIE FÜLLUNG:
½ BUND RADIESCHEN
½ BUND RAUKE

FÜR DIE SALATSAUCE:
1 TL ROTWEINESSIG
SALZ
**FRISCH GEMAHLENER,
SCHWARZER PFEFFER**
1 PRISE ZUCKER
1 EL OLIVENÖL

FLEISCHWURSTKÖRBCHEN

(6 STÜCK)

1. Die Fleischwurstscheiben mit Pelle kurz in einer beschichteten Pfanne braten, so dass Körbchen entstehen und erkalten lassen. Die Pelle entfernen.

2. Für die Füllung Radieschen putzen, waschen und in Stifte schneiden. Rauke putzen, waschen, trockenschleudern oder -tupfen, etwas klein schneiden und mit den Radieschenstiften vermischen.

3. Für die Salatsauce Essig mit Salz, Pfeffer und Zucker verrühren und dann das Öl hinzufügen.

4. Die Salatsauce unter die Rauke und die Radieschen mischen und den Salat in die Fleischkörbchen füllen.

Tipp:
Es schmeckt auch sehr gut, wenn über den Salat noch grob geraspelter oder geriebener Parmesan gestreut wird.

WESTFÄLISCHE KALBS-SCHNITZELROULADE

DIE ZUTATEN:

2 KALBFLEISCHSCHEIBEN (AUS DER KEULE, JE ETWA 160 g, ½ cm DICK GESCHNITTEN)
2 REIFE BIRNEN
300 g BLUTWURST AM STÜCK ZUM BRATEN
25 g BUTTERSCHMALZ
2 EL FLEISCHFOND

1. Kalbfleischscheiben unter fließendem kalten Wasser abspülen und trockentupfen.

2. Die Birnen schälen, halbieren, das Kerngehäuse entfernen und die Birnenhälften in dünne Scheiben schneiden.

3. Die Birnenscheiben auf dem Kalbfleisch verteilen, dann die Blutwurst in Scheiben geschnitten auf die Birnenscheiben geben. Das Fleisch zu Rouladen zusammenrollen und mit Küchengarn umwickeln.

4. Butterschmalz in einer Pfanne zerlassen, das Fleisch von allen Seiten gut darin anbraten, Fond hinzugießen und etwa 15 Minuten schmoren lassen, zwischendurch wenden. Die Roulade erkalten lassen.

5. Die Roulade in dünne Scheiben schneiden und auf einer Platte anrichten.

Tipp:
Je nach Geschmack können die Rouladenscheiben auch noch mit Aspik überzogen werden. Dazu 125 ml (⅛ l) Fleischsud mit 2 Blatt weißer Gelatine nach Packungsanleitung der Gelatine zu Aspik verarbeiten und die Fleischscheiben damit überziehen.

ROASTBEEF-HÄPPCHEN

(16 STÜCK)

DIE ZUTATEN:

4 SCHEIBEN GRAUBROT
30 g REMOULADE
8 SCHEIBEN ROASTBEEF (ALS AUFSCHNITT)
KAPERN

1. Graubrot mit Remoulade bestreichen und vierteln.

2. Roastbeef halbieren, etwas zusammenfalten, die Brotstücke damit belegen und mit Kapern garnieren.

Tipp:
Nach Belieben mit Tomatenachteln garnieren.

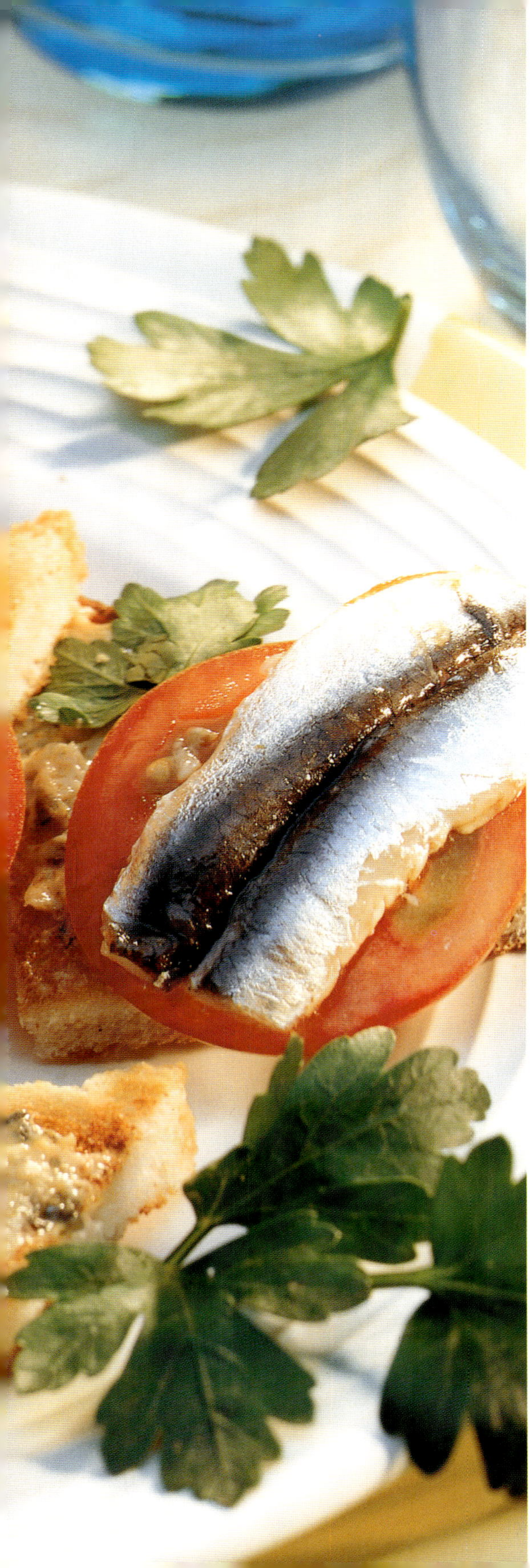

SNACKS MIT FISCH

Snacks mit Fisch

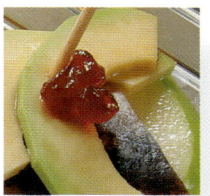

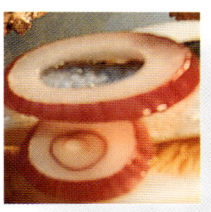

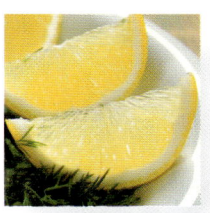

Französische Canapés,
Rezept Seite 30

DIE ZUTATEN:

5 SCHEIBEN TOASTBROT
5 SARDELLENFILETS
50 g WEICHE BUTTER
EINIGE TROPFEN
ZITRONENSAFT
FRISCH GEMAHLENER,
WEISSER PFEFFER
ETWA 15 SARDINEN IN ÖL
(JE NACH GRÖSSE)
2 TOMATEN
1 BUND GLATTE
PETERSILIE

FRANZÖSISCHE CANAPÉS

(FOTO SEITE 28/29 – 20 STÜCK)

1. Toastscheiben toasten. Sardellenfilets sehr fein hacken, mit Butter, Zitronensaft und Pfeffer verrühren.

2. Sardellenbutter auf die Canapés streichen und die Toasts diagonal vierteln.

3. Sardinen abtropfen lassen (am besten auf Küchenpapier legen und damit abtupfen) und in Größe der Canapés schneiden. Tomaten waschen, halbieren, Stängelansätze herausschneiden und Tomaten in Scheiben schneiden. Petersilie abspülen, trockentupfen und die Blätter von den Stängeln zupfen.

4. Zuerst ein Petersilienblatt, dann eine Tomatenscheibe und zuletzt das Sardinenfilet auf die Toasts legen.

DIE ZUTATEN:

2 ARTISCHOCKEN
1 ZITRONE
SALZWASSER
2 EL ESSIG
2 LORBEERBLÄTTER

FÜR DEN FRISCHKÄSE-DIP:
200 g DOPPELRAHM-
FRISCHKÄSE
70–125 ml SCHLAGSAHNE
JE NACH KONSISTENZ DES
FRISCHKÄSES
CAYENNEPFEFFER
SALZ
2 TL FEIN GEHACKTE
KAPERN
200 g SHRIMPS
2 TL KAPERN

ARTISCHOCKENBLÄTTER MIT SHRIMPS *(FOTO – 4–6 PORTIONEN)*

1. Artischocken waschen, die äußeren, unansehnlichen Blätter abschneiden. Die Blattspitzen mit einer Küchenschere gerade schneiden. Zitrone halbieren und die Schnittflächen der Artischocken mit dem Zitronenfruchtfleisch abreiben.

2. Artischocken in kochendes Salzwasser geben, Essig und Lorbeerblätter hinzufügen und zugedeckt bei schwacher Hitze 25–30 Minuten garen, bis sich die Blätter leicht herausziehen lassen.

3. Die Artischocken mit einem Schaumlöffel herausnehmen und mit dem Boden nach oben auf einem Sieb abtropfen und abkühlen lassen.

4. Die Artischockenblätter herauszupfen und auf eine große Platte anrichten. Das Heu von dem Artischockenboden entfernen, die Böden in die Mitte setzen.

5. Für den Dip Frischkäse mit Sahne glatt rühren, dabei Sahne nach und nach hinzufügen, damit der Dip nicht zu dünnflüssig wird. Den Dip mit Cayennepfeffer und Salz abschmecken. Die Kapern unterrühren.

6. Die Masse in einen Spritzbeutel mit großer Spritztülle füllen und auf die Artischockenblätter spritzen. Mit Shrimps und Kapern belegen.

Tipp:
Dazu frisch aufgebackenes Baguette reichen.
Es können auch Artischocken aus der Dose
genommen werden, die dann nicht mehr
gekocht werden müssen.

225 g (5 SCHEIBEN) TK-BLÄTTERTEIG
GETROCKNETE ERBSEN ODER LINSEN ZUM BLIND-BACKEN
4 SCHEIBEN LACHS

FÜR DIE LACHSBUTTER:
150 g RÄUCHERLACHS
100 g WEICHE BUTTER
SALZ
FRISCH GEMAHLENER PFEFFER
1 EL GEHACKTER DILL
EINIGE KAPERN

LACHSBUTTERSCHIFFCHEN

(8 STÜCK)

1. Blätterteig auftauen lassen, übereinander legen und so dünn wie möglich ausrollen. Kleine Schiffchenformen mit dem Teig auslegen.

2. Mit einer Gabel einstechen. Boden mit getrockneten Erbsen oder Linsen füllen, damit der Teig nicht aufgehen kann und auf dem Rost in den Backofen schieben.

Ober-/Unterhitze: 180–200 °C (vorgeheizt)
Heißluft: 160–180 °C (vorgeheizt)
Gas: etwa Stufe 3 (vorgeheizt)
Backzeit: etwa 10 Minuten.

3. Die Erbsen oder Linsen aus den Teigschiffchen entfernen, evtl. noch einige Minuten zum Nachbräunen in den Backofen schieben.

4. Die Teigschiffchen aus den Förmchen nehmen und auf einem Kuchenrost abkühlen lassen.

5. Die Schiffchen mit je ½ Scheibe Lachs auslegen.

6. Für die Lachsbutter den Lachs pürieren oder fein hacken, mit der Butter verrühren, mit Salz und Pfeffer abschmecken. Dill unterrühren, in die Schiffchen füllen, mit Kapern bestreuen.

KRABBENCREME AUF BAGUETTES *(20 STÜCK)*

1. Krabben klein schneiden, mit Butter verrühren, mit Salz, Pfeffer und Cognac abschmecken.

2. Die Krabbencreme auf die Baguettescheiben streichen, mit Krabben und Petersilienblättern garnieren.

Tipp:

Nach Belieben noch 1 Esslöffel Zitronensaft in die Krabbencreme rühren. Statt der Krabben kann auch Hummeroder Krebspaste (Fertigprodukt) mit Butter (100 g Butter auf 10 g Paste) verrührt werden.

DIE ZUTATEN:

200 g KRABBEN OHNE SCHALE
200 g WEICHE BUTTER
SALZ
FRISCH GEMAHLENER PFEFFER
1 EL COGNAC
20 BAGUETTESCHEIBEN
50 g KRABBEN
EINIGE PETERSILIENBLÄTTER

DIE ZUTATEN:

500 g GERÄUCHERTER AAL

150 g RETTICH

2 KLEINE ROTE ZWIEBELN

125 g MEERRETTICH-
FRISCHKÄSE

SCHNITTLAUCHRÖLLCHEN

AALSPIESSE *(16 STÜCK)*

1. Aal filetieren, entgräten, enthäuten und in mundgerechte Stücke schneiden.

2. Rettich putzen, waschen, in sehr dünne Scheiben schneiden.

3. Zwiebeln abziehen und in Ringe schneiden.

4. Die Zutaten auf Holzspießchen stecken, mit je einem Tupfer von Meerrettich-Frischkäse und Schnittlauchröllchen garnieren.

Tipp:
Statt Rettichscheiben können auch dünn geschnittene Salatgurkenscheiben verwendet werden.

DIE ZUTATEN:

300 g FRISCHE, DÜNNE
LACHSSCHEIBEN

SALZ

FRISCH GEMAHLENER
PFEFFER

150 g SPINATBLÄTTER

400 ml FISCHFOND
ODER -BRÜHE

125 ml (⅛ l) WEISSWEIN

16 GEKOCHTE RIESEN-
GARNELEN (OHNE SCHALE)

3 EL OLIVENÖL

2 EL WEISSWEINESSIG

1 PRISE ZUCKER

1 EL GEHACKTE KRÄUTER,
Z.B. ZITRONENMELISSE,
MAJORAN, BASILIKUM,
ESTRAGON, THYMIAN

LACHSSPIESSE *(4 PORTIONEN)*

1. Lachsscheiben mit Salz und Pfeffer bestreuen. Spinatblätter waschen, trockentupfen, die dicken Stiele entfernen, mit je 1 Lachsscheibe belegen, aufrollen und jeweils mit einem Holzspieß zusammenstecken.

2. Fischfond oder -brühe und Weißwein zum Kochen bringen, die Lachsspieße hineingeben, etwa 3–5 Minuten darin ziehen lassen (nicht mehr kochen lassen), zwischendurch wenden. Die Lachsspieße in dem Sud erkalten lassen.

3. Riesengarnelen auf die abgetropften Lachsspieße stecken. Öl mit Salz, Pfeffer, Weißweinessig, Zucker und gehackten Kräutern vermengen. Die Spieße mit der Marinade beträufeln.

MATJESFILETS MIT AVOCADO

(FOTO SEITE 35 – 16 STÜCK)

DIE ZUTATEN:

4 MATJESFILETS (400 g)
2 KLEINE ÄPFEL (250g)
1 AVOCADO
2 EL ZITRONENSAFT
1 GEH. EL PREISELBEEREN
(AUS DEM GLAS)

1. Matjesfilets in 16 mundgerechte Stücke schneiden, dabei die Gräten entfernen.

2. Äpfel waschen, vierteln, entkernen und in dünne Scheiben schneiden. Avocado halbieren, den Kern herauslösen, schälen, das Fruchtfleisch in dünne Spalten schneiden.

3. Apfel- und Avocadospalten mit Zitronensaft beträufeln. Beides mit den Matjesstücken auf Holzspieße stecken und mit Preiselbeeren garnieren.

Tipp:
Wer mag, kann zwischen dem Matjesstück und den Avocadoscheiben einen 1/2 Teelöffel Sahnemeerrettich geben.

FRUCHTIGE FORELLENFILETS

(FOTO SEITE 35 – 8 STÜCK)

DIE ZUTATEN:

4 GERÄUCHERTE
FORELLENFILETS (à 100 g)
150 g STEIF GESCHLAGENE
SAHNE
3 TL MEERRETTICH
STÜCKIGE PFLAUMEN-
KONFITÜRE
PFLAUMENSPALTEN
ORANGEN- UND LIMONEN-
FILETS
ABGERIEBENE SCHALE
VON 1 ORANGE UND
1 LIMONE (JEWEILS
UNBEHANDELT)
ORANGENSAFT

1. Forellenfilets enthäuten, in mundgerechte Stücke schneiden, dabei die Gräten entfernen.

2. Sahne mit Meerrettich verrühren, in einen Spritzbeutel mit Sterntülle füllen, Tuffs auf die Forellenstücke spritzen, nach Belieben mit Pflaumenkonfitüre oder Pflaumenspalten oder Orangen- und Limonenfilets, Orangenschale und Limone garnieren, mit Orangensaft beträufeln.

Tipp:
Sie können auch geräucherten Lachs, Lachsforelle oder Saibling auf diese Weise anrichten.

MINI-CRÊPES MIT LACHS UND SPINAT *(12 STÜCK)*

1. Mehl in eine Rührschüssel geben, mit Milch und Eiern zu einem glatten Teig verrühren. Mit Salz würzen und in heißer Butter in einer Pfanne zu kleinen Crêpes (Pfannkuchen) ausbacken.

2. Für die Füllung Blattspinat gründlich waschen, kurz blanchieren, anschließend abtropfen lassen.

3. Zwiebel abziehen und fein würfeln. Butter zerlassen, Zwiebelwürfel und Spinat darin andünsten, mit Salz, Pfeffer und durchgepresstem Knoblauch würzen.

4. Crêpes ausbreiten, zunächst mit Blattspinat, dann mit Räucherlachs belegen und aufrollen. Die Crêpes halbieren oder in 3–4 cm dicke Scheiben schneiden und mit Spießen feststecken.

Abwandlung: Statt Spinat die Crêpes mit Meerrettich-Frischkäse (200 g Doppelrahm-Frischkäse mit 1 Teelöffel Meerrettich verrührt) bestreichen, mit gehacktem Dill bestreuen und dann den Räucherlachs darauf legen und aufrollen.

DIE ZUTATEN:

FÜR DEN CRÊPETEIG:
80 g WEIZENMEHL
250 ml (¼ l) MILCH
2 EIER (GRÖSSE M)
1 PRISE SALZ
BUTTER ZUM AUSBACKEN

FÜR DIE FÜLLUNG:
300 g BLATTSPINAT
1 ZWIEBEL
40 g BUTTER
SALZ
FRISCH GEMAHLENER PFEFFER
1 KNOBLAUCHZEHE
200 g RÄUCHERLACHS IN SCHEIBEN

Tipp:
Kräuter-Crème-fraîche
als Dip dazu reichen.
Wer die Crêpes nicht
selbst backen möchte,
kann auch mexikanische
Tortillas kaufen und
diese nach Packungsaufschrift zubereiten.

Fischplatte

DIE ZUTATEN:

1 MAKRELE
100 ml WEISSWEIN
SALZ
FRISCH GEMAHLENER
PFEFFER
1 LORBEERBLATT
2 GROSSE KNOBLAUCH-
ZEHEN
1 ROTE ZWIEBEL
3 EL OLIVENÖL
RÖMERSALATBLÄTTER
ZUM ANRICHTEN

MARINIERTE MAKRELE (6 STÜCK)

1. Makrele filetieren. Weißwein mit Salz, Pfeffer und Lorbeerblatt aufkochen, die Makrelen etwa 3 Minuten darin dünsten.

2. Die Fischfilets aus dem Sud nehmen und auf eine tiefe Platte legen.

3. Knoblauch und Zwiebel abziehen und beides in Scheiben schneiden. Die Scheiben einmal kurz in dem Fischsud aufkochen lassen und dann den Topf von der Kochstelle nehmen.

4. Olivenöl, Salz und Pfeffer in den Sud rühren und die Makrelenfilets damit übergießen. Den Fisch kühl gestellt etwa 1 Tag durchziehen lassen, zwischendurch einmal wenden.

5. Die Filets in jeweils 3 Teile schneiden und auf gewaschenen und trockengetupften Römersalatblättern anrichten. Etwas Sud darüber träufeln.

Tipp:
Evtl. den Fisch beim Fischhändler filetieren lassen.
Statt der Makrele können auch große Sardinenfilets
genommen werden.

Fischplatte

DIE ZUTATEN:

12 (150 g) TK-SURIMI-
STÄBCHEN (FISCHFLEISCH
IM KRABBENMANTEL)
1 KLEINE AVOCADO
(ETWA 150 g)
ETWAS ZITRONENSAFT
SALZ
PFEFFER
1 SCHALOTTE
1 KNOBLAUCHZEHE
1 ROTE CHILISCHOTE
1 EL GEHACKTE
PETERSILIE
NACH BELIEBEN EINIGE
PETERSILIENBLÄTTCHEN

GARNIERTE SURIMI-STÄBCHEN (24 STÜCK)

1. Surimistäbchen nach Packungsanleitung auftauen lassen.

2. Avocado halbieren, entsteinen, das Fruchtfleisch aushöhlen und mit einer Gabel zerdrücken. Mit Zitronensaft, Salz und Pfeffer abschmecken.

3. Schalotte und Knoblauch abziehen und in feine Würfel schneiden. Chilischote halbieren, entkernen und in sehr kleine Würfel schneiden, mit der gehackten Petersilie unter das Fruchtfleisch rühren.

4. Die aufgetauten Surimistäbchen halbieren, auf jedes Stück etwas Avocoadocreme spritzen und nach Belieben mit Petersilie garnieren.

Fischplatte
DIE ZUTATEN:

FÜR DIE BEIZE:
1 BUND DILL
½ TL ZUCKER
1 EL GEKÖRNTES MEER-
SALZ
1 TL ROSA PFEFFER-
BEEREN
FRISCH GEMAHLENER
PFEFFER

ETWA 300 g LACHSFILET

FÜR DIE MARINADE:
125 ml (⅛ l) WEISSWEIN,
Z.B. RIESLING
ABGERIEBENE SCHALE
VON ½ ORANGE
(UNBEHANDELT)
4 EL ORANGENSAFT

EINIGE ORANGENFILETS

ORANGEN-LACHS

(FOTO SEITE 39 – 4 PORTIONEN)

1. Für die Beize Dill abspülen, trockentupfen und klein schneiden. Den Dill mit Zucker, Salz, Pfefferbeeren und Pfeffer vermischen und die Beize auf dem Lachs verteilen, gut andrücken und mit der belegten Seite in eine Schale legen.

2. Für die Marinade Wein, Orangenschale und -saft verrühren und die Marinade auf dem Lachs verteilen. Den Lachs mit Frischhaltefolie zudecken und das Ganze mit einem Brett und Konvervendosen beschweren. Den Lachs kühl gestellt 1–2 Tage durchziehen lassen.

3. Den Lachs aus der Marinade nehmen, in dünne Scheiben schneiden und mit den Orangenfilets anrichten.

Tipp:
Nach Belieben den Lachs nur zur Hälfte aufschneiden,
den Rest zurück in die Marinade legen,
dann kann der Fisch kühl gestellt noch mindestens
3 Tage aufbewahrt werden.

Fischplatte
DIE ZUTATEN:

1 ROTE BETE (250 g)
½ EL BUTTER
4 EL ZITRONENSAFT
3 EL WASSER
2 EL WEISSWEINESSIG
1 PRISE SALZ
1 PRISE ZUCKER
2 ÄPFEL
4 MATJESFILETS

ZUM GARNIEREN:
EINIGE DILLZWEIGE
ZITRONENSCHALE

ROTE MATJESFILETS

(FOTO SEITE 39 – 8 STÜCK)

1. Rote Bete schälen, waschen, in 8 dünne Scheiben schneiden, die Butter im Topf zerlassen, Rote Bete zugeben und mit Zitronensaft, Wasser, Essig, Salz und Zucker etwa 15 Minuten andünsten.

2. Äpfel schälen, das Kerngehäuse mit einem Apfelausstecher entfernen, die Äpfel in 8 Scheiben schneiden und die letzten 5 Minuten zu den Rote-Bete-Scheiben geben und mitdünsten. Dann abkühlen lassen.

3. Matjesfilets in eine flache Schale legen, die Rote Bete- und Apfelscheiben mit dem Saft darauf verteilen. Den Fisch zugedeckt und kühl gestellt 1 Tag durchziehen lassen, zwischendurch einmal wenden.

4. Zum Anrichten erst eine Scheibe Rote Bete, dann eine Apfelscheibe und zum Schluss ein halbiertes Matjesfilet aufeinander legen. Die Matjesfilets nach Belieben mit Dillzweigen und Zitronenschale garnieren.

MATJESFILETS MIT PREISELBEERSAHNE *(12 Stück)*

1. Sahne mit Sahnesteif steif schlagen, gut die Hälfte der Preiselbeerkonfitüre und Zitronensaft vorsichtig unterrühren.

2. Sahne in einen Spritzbeutel mit gezackter Tülle füllen und auf die Brottaler je einen Kreis spritzen.

3. Matjesfilets der Länge nach halbieren, aufrollen und in die Sahne setzen. In die Fischröllchen die restliche Preiselbeerkonfitüre verteilen und nach Belieben mit Dillzweigen garnieren.

DIE ZUTATEN:

**125 ml (⅛ l) SCHLAG-SAHNE
½ PCK. SAHNESTEIF
GUT 2 EL PREISELBEER-KONFITÜRE
1 TL ZITRONENSAFT
12 PUMPERNICKELTALER
6 JUNGE, KLEINE MATJES-FILETS
EINIGE DILLZWEIGE**

MAKRELENFILETS MIT ZWIEBELRINGEN *(4 STÜCK)*

DIE ZUTATEN:

4 GERÄUCHERTE MAKRELENFILETS
2 ROTE ZWIEBELN

1. Die Makrelenfilets auf eine Platte legen.

2. Die Zwiebeln abziehen und in Ringe schneiden, den Fisch damit garnieren.

FORELLENFILET MIT SAHNE-MEERRETTICH *(12 STÜCK)*

DIE ZUTATEN:

4 GERÄUCHERTE FORELLENFILETS
150 g STEIF GESCHLAGENE SCHLAGSAHNE
3 TL MEERRETTICH (AUS DEM GLAS)
ETWAS ZITRONENSAFT
SALZ, PFEFFER
1 PRISE ZUCKER
12 SCHEIBEN SALATGURKE
KERBEL- ODER DILL-ZWEIGE

1. Forellenfilets evtl. enthäuten und entgräten. Jedes Filet in 3 Stücke schneiden.

2. Sahne mit Meerrettich verrühren, mit Zitronensaft, Salz, Pfeffer und Zucker abschmecken und in einen Spritzbeutel füllen.

3. Die Gurkenscheiben auf die Forellenstücke legen, den Sahnemeerrettich darauf spritzen und mit Kerbel- oder Dillzweigen garnieren.

SCHILLERLOCKEN AUF PAPRIKA-SCHMAND *(8 STÜCK)*

DIE ZUTATEN:

2 GRÜNE, LÄNGLICHE PAPRIKA
2 EL SCHMAND
2 TL AJVAR (FERTIG GEKAUFTES PAPRIKAMUS)
1 TL ZITRONENSAFT
ETWA 150 g SCHILLER-LOCKEN

1. Paprika vierteln, entstielen, entkernen, die weißen Scheidewände entfernen, Schoten waschen und trockentupfen.

2. Schmand mit Ajvar und Zitronensaft verrühren, mit Salz und Pfeffer abschmecken, in die Paprika füllen und mit den in Scheiben geschnittenen Schillerlocken belegen.

Tipp:
Nach Belieben mit Schnittlauchröllchen und grob zerstoßenem, buntem Pfeffer garnieren.

LACHS MIT LIMONEN-SCHEIBEN *(FOTO SEITE 43 – 4 PORTIONEN)*

Raucherfischplatte

DIE ZUTATEN:

100 g GERÄUCHERTE LACHSSCHEIBEN
1 LIMONE (UNBEHANDELT)
EINIGE DILLZWEIGE

1. Lachs locker auf der Fischplatte anordnen.

2. Limone gut waschen, in dünne Scheiben schneiden. Den Lachs mit Limonenscheiben und Dillzweigen garnieren.

Tipp:
Statt der Limonenscheiben Orangenscheiben (unbehandelt) verwenden.

KIELER SPROTTEN

(FOTO SEITE 43 – 12 STÜCK)

Raucherfischplatte

DIE ZUTATEN:

½ STANGE PORREE (LAUCH)
12 KIELER SPROTTEN

1. Porree gut waschen, in Salzwasser kurz blanchieren, dann in Eiswasser tauchen, trockentupfen und längs halbieren.

2. Jeweils 3–4 Kieler Sprotten mit Porreestreifen zusammenbinden.

Tipp:
Statt Porreestreifen abgespülte, trockengetupfte Schnittlauchhalme verwenden.

AUFGEROLLTER AAL

(FOTO SEITE 43 – 4 STÜCK)

Raucherfischplatte

DIE ZUTATEN:

ETWA 300 g GERÄUCHERTER AAL
1 ZITRONE (UNBEHANDELT)

1. Aal in 4–5 cm große Stücke schneiden und auf einer Seite die Haut einrollen.

2. Zitrone in dünne Scheiben schneiden, halbieren und in die Aalhaut stecken.

MAKRELENFILETS MIT PFEFFER

1. Die Makrelenfilets halbieren. Meerrettich mit Crème double, Pesto, Salz und Pfeffer verrühren.

2. Die Creme in einen Spritzbeutel mit Sterntülle füllen und die Makrelenstücke damit betupfen.

3. Die Fischhäppchen mit Paprikarauten und Basilikumblättern garnieren.

EXOTISCHER HEILBUTT
(18 STÜCK)

1. Heilbutt vorsichtig halbieren, entgräten und enthäuten. Den Fisch in 18 Stücke schneiden.

2. Chinakohlblätter waschen, trockentupfen und in 18 etwa 3 cm breite Streifen schneiden. Den Salat auf einer Platte wieder in die Form eines Salatblattes zusammenlegen. Jeweils ein Heilbuttstück auf ein Salatblatt legen.

3. Mango schälen, in Spalten vom Kern schneiden und die Spalten in kleine Würfel schneiden. Limone schälen, achteln, in feine Streifen schneiden und mit Schnittknoblauch und Koriander verrühren.

4. Die Mangomasse mit Sojasauce, Salz und Pfeffer abschmecken und auf den Heilbuttstücken verteilen. Nach Belieben mit Schnittknoblauchhalmen und Mangospalten garnieren.

Tipp:
Statt frischer Mango können auch Mangospalten
aus der Dose verwendet werden.

RÄUCHERLACHS-FRÜCHTE-SPIESSCHEN *(8 STÜCK)*

DIE ZUTATEN:

**3 KIWIS
2 ROTE ÄPFEL
ETWAS ANANASSAFT
4 RINGE ANANAS (AUS
DER DOSE)
300 g JOGHURT
1 TL GERIEBENER MEER-
RETTICH
SALZ
FRISCH GEMAHLENER
PFEFFER
16 KLEINE SCHEIBEN
RÄUCHERLACHS**

1. Kiwis schälen, längs halbieren und in nicht zu dünne Scheiben schneiden.

2. Äpfel waschen, halbieren, Kerngehäuse herausschneiden und Äpfel vierteln. Danach mit etwas Ananassaft beträufeln, damit die Schnittflächen nicht braun werden. Ananasringe in Stücke schneiden.

3. Joghurt in eine Schüssel geben, mit Meerrettich, Salz und Pfeffer würzen und verrühren.

4. Räucherlachs zu Röllchen formen und abwechselnd mit den vorbereiteten Früchten auf Spieße stecken. Den Joghurt-Meerrettich Dip extra reichen.

Tipp:

Räucherlachs-Früchte-Spieße mit frisch gemahlenem Pfeffer würzen. Nach Belieben können die Spieße noch kleiner angerichtet werden, dann die Zutaten auf Zahnstocher stecken. Den Lachs vor dem Einrollen mit Meerrettichsahne bestreichen.

1 PCK. (300 g) PANIERTE
RIESENGARNELEN

FÜR DIE
INGWER-ZIMT-SAUCE:
2 GESTR. EL EINGELEGTER
INGWER
2 EL MAYONNAISE
2 EL SCHMAND ODER
JOGHURT
1 EL ZITRONENSAFT
1 GEH. TL GEMAHLENER
ZIMT
SALZ
1 PRISE ZUCKER

FÜR DIE TOMATENSAUCE:
4 TOMATEN
2 EL SPEISEÖL
1 ABGEZOGENE,
GEWÜRFELTE ZWIEBEL
1 KLEINE, ENTKERNTE, IN
WÜRFEL GESCHNITTENE
CHILISCHOTE
2 FRÜHLINGSZWIEBELN
2 KNOBLAUCHZEHEN
2 EL TOMATENMARK
2 EL TOMATENKETCHUP
FRISCH GEMAHLENER
PFEFFER
OREGANO

FRITTIERTE RIESENGAR-
NELEN MIT ZWEI DIPS *(24 STÜCK)*

1. Riesengarnelen nach Packungsaufschrift auftauen lassen.

2. Für die Ingwer-Zimt-Sauce Ingwer durch ein Sieb streichen. Mit Mayonnaise, Schmand oder Joghurt, Zitronensaft und Zimt verrühren, mit Salz und Zucker abschmecken.

3. Für die Tomatensauce Tomaten kurze Zeit in kochendes Wasser legen (nicht kochen lassen), mit kaltem Wasser abschrecken, enthäuten, Stängelansätze entfernen und die Tomaten in Würfel schneiden.

4. Öl erhitzen, Zwiebelwürfel darin andünsten. Tomaten- und Chiliwürfel hinzu-geben. Frühlingszwiebeln putzen, waschen, in Ringe schneiden und mitandünsten.

5. Knoblauch abziehen, zerdrücken und zusammen mit Tomatenmark und -ketchup in die Sauce geben. Mit Salz, Pfeffer und Oregano würzen. Die Sauce bis zur ge-wünschten Konsistenz einkochen.

6. Die Sauce mit dem Pürierstab zerkleinern und nochmals abschmecken.

7. Die Riesengarnelen nach Packungsaufschrift zubereiten und mit den beiden Saucen garnieren.

DIE ZUTATEN:

4 SCHEIBEN TOASTBROT
BUTTER
180 g ÖLSARDINEN (AUS
DER DOSE)
ZITRONENSAFT
FRISCH GEMAHLENER,
SCHWARZER PFEFFER
2 HART GEKOCHTE EIER
ROTE ZWIEBELRINGE
TOMATENKETCHUP
PETERSILIE

DIE ZUTATEN:

10 KLEINE ROGGEN- ODER
VOLLKORNBRÖTCHEN, Z.B.
SUPPENBRÖTCHEN
200 g CHAMPIGNONS
30 g ZERLASSENE BUTTER
4 SCHEIBEN ANANAS (AUS
DER DOSE)
100 g CRÈME FRAÎCHE
2 EL ANANASSAFT
SALZ
CURRYPULVER
WEISSER PFEFFER
200 g GEPULTE KRABBEN
60 g LEERDAMER
DILL

DIE ZUTATEN:

4 SCHEIBEN VOLLKORN-
BROT
40 g BUTTER
2 BUND SCHNITTLAUCH
4 MATJESFILETS
1 APFEL MIT ROTER
SCHALE
GRÜNER PFEFFER

FISCHERSCHNITTEN *(16 STÜCK)*

1. Toastbrot toasten, etwas abkühlen lassen, dann mit Butter bestreichen und vierteln.

2. Ölsardinen abtropfen lassen, auf den Toastbrotscheiben verteilen, mit Zitronensaft besträufeln und mit Pfeffer bestreuen.

3. Eier pellen, in Scheiben schneiden, auf die Ölsardinen legen, die Schnitten nach Belieben mit Zwiebelringen, Tomatenketchup oder Petersilie garnieren.

ÜBERBACKENE KRABBEN-BRÖTCHEN *(10 STÜCK – OHNE FOTO)*

1. Von den Brötchen einen flachen Deckel abschneiden und Brötchen aushöhlen. Champignons putzen, mit Küchenpapier abreiben, evtl. abspülen, in kleine Stücke schneiden und in zerlassener Butter andünsten.

2. Ananas abtropfen lassen und in sehr kleine Stücke schneiden. Crème fraîche mit Ananassaft verrühren und mit Salz, Curry und Pfeffer abschmecken. Ananasstücke, Champignons und Krabben unterrühren. Die Brötchen damit bergartig füllen.

3. Käse reiben, auf den Brötchen verteilen, unter den heißen Grill schieben und etwa 5 Minuten überbacken, bis der Käse zerlaufen ist. Die Brötchendeckel kurze Zeit dazulegen. Nach Belieben mit Dill garnieren.

SCHWEDENHAPPEN *(16 STÜCK)*

1. Die Brotscheiben mit Butter bestreichen. Schnittlauch abspülen, trockentupfen und in feine Röllchen schneiden. Die Brotscheiben in die Schnittlauchröllchen drücken, vierteln.

2. Matjes abspülen, abtropfen lassen und auf den Brotstücken anrichten.

3. Apfel waschen, vierteln, das Kerngehäuse herausschneiden, den Apfel in dünne Spalten schneiden und die Schwedenhappen damit garnieren. Mit grob gehacktem Pfeffer bestreuen.

GEMÜSE & KARTOFFELN

FENCHELSCHALEN MIT GEMÜSEFÜLLUNG, REZEPT SEITE 52

DIE ZUTATEN:

**2 KLEINE FENCHEL-
KNOLLEN
1 ZUCCHINI
1 ROTE PAPRIKA
1 ZWIEBEL
2 EL OLIVENÖL
1 KLEINES BUND
OREGANO
SALZ
FRISCH GEMAHLENER
PFEFFER**

FENCHELSCHALEN MIT GEMÜSEFÜLLUNG

(FOTO SEITE 50/51 – ETWA 12 STÜCK)

1. Fenchelknollen waschen, Fenchelblätter mit Stielen von der Knolle abtrennen, so dass aus den einzelnen Fenchelschichten Taschen entstehen. Diese Taschen in Salzwasser etwa 1–2 Minuten blanchieren, anschließend auf ein Sieb geben und gut abtropfen lassen.

2. Von der Zucchini die Enden abschneiden, Zucchini waschen und in Würfel schneiden. Paprika halbieren, entstielen, entkernen, die weißen Scheidewände entfernen, Schoten waschen und ebenfalls in Würfel schneiden. Zwiebel abziehen und fein würfeln.

3. Gemüse mit den Zwiebelwürfeln in Öl etwa 5 Minuten dünsten, mit klein geschnittenem Oregano, Salz und Pfeffer würzen.

4. Fencheltaschen mit den Gemüsewürfeln füllen und mit Fenchelgrün garnieren.

Tipp:
Die Gemüsemischung kann je nach Saison oder Geschmack variiert werden. Die Fencheltaschen können nach Belieben mit Käse überbacken werden.

DIE ZUTATEN:

**FÜR DAS DRESSING:
4 EL WEISSER BALSAMICO-
ESSIG
SALZ
1 PRISE ZUCKER
FRISCH GEMAHLENER
PFEFFER
2 SCHALOTTEN
2 KNOBLAUCHZEHEN
5 EL OLIVENÖL**

**24 COCKTAILTOMATEN
200 g ZIEGENFRISCHKÄSE
1 BUND BASILIKUM**

COCKTAILTOMATEN, GEFÜLLT *(FOTO – 24 STÜCK)*

1. Für das Dressing Essig, Salz, Zucker und Pfeffer gut verrühren. Schalotten und Knoblauch abziehen, fein hacken und in den Essig geben. Öl unterschlagen.

2. Von den Cocktailtomaten Stängel abzupfen, Tomaten waschen, trockentupfen, das obere Drittel abschneiden. Fruchtfleisch vorsichtig entfernen.

3. Den Deckel fein würfeln und zum Dressing geben. Tomaten mit Ziegenfrischkäse füllen und auf eine Servierplatte legen.

4. Basilikum waschen, gut abtropfen lassen, fein zerschneiden. Das Dressing über die Tomaten träufeln und mit Basilikum überstreut servieren.

Abwandlung: 150 g TK-Spinat auftauen lassen, mit fein gehackter Zwiebel und Knoblauchzehe in etwas Olivenöl andünsten. 100 g Feta-Käse mit einer Gabel zerdrücken und hinzufügen. Mit Salz, Pfeffer, Muskatnuss und Zitronensaft abschmecken. Nach Belieben noch Oregano oder Thymian hinzufügen und die Masse in die Tomaten füllen.

DIE ZUTATEN:

150 g WEIZENMEHL
(TYPE 550)
125 g KALTE BUTTER
250 g GERIEBENER GOUDA
SALZ
PAPRIKA EDELSÜSS
200 g PAPRIKAGEFÜLLTE
OLIVEN

KNUSPEROLIVEN *(30 STÜCK)*

1. Mehl in eine Schüssel sieben, mit Butter, Gouda, Salz und Paprika schnell zu einem glatten Teig verkneten und etwa 1 Stunde in Folie gewickelt im Kühlschrank ruhen lassen.

2. Oliven in einem Sieb abtropfen lassen.

3. Teig zu Rollen mit etwa 5 cm Durchmesser formen, etwa 1 cm dicke Scheiben abschneiden, in jede Scheibe eine Olive eindrücken, Teig darumlegen und zwischen den Handflächen zu einer kirschgroßen Kugel rollen. Auf ein mit Backpapier belegtes Backblech legen.

Ober-/Unterhitze: etwa 220 °C (vorgeheizt)
Heißluft: etwa 200 °C (vorgeheizt)
Gas: Stufe 4–5 (vorgeheizt)
Backzeit: etwa 20 Minuten.

4. Nach dem Backen in jede Knusperolive einen Zahnstocher stecken, heiß oder kalt servieren.

GEMÜSETALER MIT DIP

(26 STÜCK)

DIE ZUTATEN:

200 g KARTOFFELN
200 g MÖHREN
200 g SOJASPROSSEN
1 ZWIEBEL
3 SCHEIBEN TOASTBROT
1 EI (GRÖSSE M)
KRÄUTERSALZ
FRISCH GEMAHLENER
PFEFFER
PAPRIKA EDELSÜSS
4 EL SEMMELBRÖSEL

FÜR DEN
QUARK-KRÄUTER-DIP:
250 g MAGERQUARK
6 EL SCHLAGSAHNE
JE 1 EL FEIN GEHACKTER
DILL, SCHNITTLAUCH UND
PETERSILIE

125 ml (⅛ l) SONNEN-
BLUMENÖL
EINIGE DILLZWEIGE

1. Kartoffeln und Möhren waschen, schälen, fein raspeln. Sojasprossen verlesen, waschen, gut abtropfen lassen und hacken.

2. Zwiebel abziehen und fein hacken. Toastbrot im Blitzhacker oder Mixer zerkleinern. Das Gemüse und die Toastbrotbrösel mit Ei vermischen, mit Kräutersalz, Pfeffer und Paprika würzen.

3. Die Gemüsemasse zu einer Rolle formen, davon etwa 1 cm dicke Scheiben schneiden, diese in Semmelbröseln wenden.

4. Für den Dip Quark mit Sahne, Dill, Schnittlauch und Petersilie verrühren. Mit Kräutersalz, Pfeffer und Paprika abschmecken.

5. Die Gemüsetaler in heißem Öl bei geringer Hitze etwa 10 Minuten braten, dann auf Küchenpapier abtropfen lassen. Auf jeden Gemüsetaler etwas Dip klecksen und nach Belieben mit Dillsträußchen garnieren.

Tipp:
Die Gemüsetaler können auch mit anderen Gemüsesorten zubereitet werden, z. B. Zucchini, Sellerie oder rote Bete in geraspelter Form.

DIE ZUTATEN:

**500 g JUNGE MÖHREN
4 PAPRIKASCHOTEN
(ROT, GRÜN UND GELB)
3 ZUCCHINI (600 g)
500 g STAUDENSELLERIE
GEWASCHENE SCHNITT-
LAUCHHALME
500 g KOHLRABI
300 g GEWASCHENE
BLATTSALATBLÄTTER, Z.B.
RÖMERSALAT
500 g SPARGEL
800 g GEWASCHENE
SALATGURKE
3 GEKOCHTE, GEHACKTE
EIER (GRÖSSE M)
3 EL GEHACKTE
KRÄUTER
3 EL AUBERGINENPASTE**

**FÜR DIE MINZESAHNE:
75 ml SCHLAGSAHNE
150 g MAGERJOGHURT
1 ZWEIG PFEFFERMINZE
SALZ, PFEFFER
ZITRONENSAFT**

**FÜR DEN PAPRIKA-DIP:
1 GROSSE ROTE PAPRIKA-
SCHOTE
1 KNOBLAUCHZEHE
1 EL TOMATENMARK
OLIVENÖL
GEMAHLENER KORIANDER**

**FÜR DEN THUNFISCH-DIP:
1 DOSE (ETWA 125 g
ABTROPFGEWICHT) THUN-
FISCHFILET IM EIGENEN
SAFT
1 KLEINE ZWIEBEL
ETWAS SENF
1 TL KAPERN
2 EL KRÄUTER-
CRÈME-FRAÎCHE
ETWAS WEISSWEINESSIG
SCHNITTLAUCHRÖLLCHEN**

GEMÜSEPLATTE MIT DIPS

(6 PORTIONEN)

1. Möhren, Paprika und Zucchini putzen und waschen. Möhren mit etwas Grün ganz lassen, Paprika in Streifen schneiden. Zucchini (evtl. mit einer Aufschnittmaschine) längs in dünne Scheiben schneiden und blanchieren. 1–2 Möhren ebenfalls in Streifen schneiden und blanchieren.

2. Sellerie putzen, waschen, die harten Außenfäden abziehen, in ½ cm dicke und etwa 8 cm lange Stangen schneiden, die dickeren halbieren, mit Schnittlauchhalmen umwickeln.

3. Kohlrabi schälen, waschen, in ½ cm dicke und etwa 8 cm lange Stifte schneiden, mit blanchierten Möhrenstreifen umwickeln. Salatblätter mit ⅔ der Zucchini- scheiben umwickeln.

4. Spargel von oben nach unten schälen, in kochendem Salzwasser etwa 10 Minuten garen, mit den restlichen Zucchinistreifen umwickeln. Gurke in ½ cm dicke Scheiben schneiden, die Mitte ausstechen, so dass Ringe entstehen, jeweils mit etwas Ei, Kräutern und Auberginenpaste füllen.

5. Für die Minzesahne Sahne steif schlagen, unter den Joghurt heben. Pfefferminze abspülen, die Blättchen abzupfen, trockentupfen, die Blättchen klein hacken, unter- rühren, die Minzesahne mit Salz, Pfeffer und Zitronensaft abschmecken.

6. Für den Paprika-Dip Paprika halbieren, entstielen, entkernen, die weißen Scheide- wände entfernen, die Schote waschen, in Stücke schneiden. Knoblauch abziehen, beide Zutaten pürieren, mit Salz, Pfeffer, Tomatenmark, Öl und Koriander verrühren.

7. Für den Thunfisch-Dip Thunfisch abtropfen lassen, einige Stücke beiseite legen. Zwiebel abziehen, Thunfisch und Zwiebel mit Salz, Pfeffer, Senf, Kapern, Kräuter- Crème-fraîche und Essig im Mixer grob zerkleinern, mit den Thunfischstücken und Schnittlauchröllchen anrichten. Das Gemüse auf einer großen Platte anrichten und mit den Dips servieren.

Tipp:
Dazu Bauernbrot oder Ciabatta reichen.

DIE ZUTATEN:

250 g GETROCKNETE ROTE BOHNEN ODER 2 DOSEN (à 255 g ABTROPFGE-WICHT)
2 l WASSER
1 ZWIEBEL
1 CHILISCHOTE
2 EL SPEISEÖL
1 TL ZUCKER
4 EL CRÈME FRAÎCHE
SALZ
FRISCH GEMAHLENER PFEFFER
CAYENNEPFEFFER

FÜR DIE ENCHILADAS:
100 g WEIZENMEHL
100 g MAISMEHL
1 EI (GRÖSSE M)
1 TL BACKPULVER
1 TL SALZ
400 ml MILCH
4 EL SPEISEÖL ZUM BRATEN

Tipp:
Enchiladas gibt es auch fertig zu kaufen, sie müssen dann nur nach Packungsaufschrift gebacken werden.

ENCHILADAS MIT ROTEM BOHNENPÜREE *(16 STÜCK)*

1. Getrocknete Bohnen waschen, in Wasser über Nacht einweichen. Mit dem Wasser zum Kochen bringen. Zugedeckt etwa 1 Stunde köcheln lassen. (Bohnen aus der Dose erst ab Arbeitsschritt 4 bearbeiten).

2. Zwiebel abziehen, in feine Würfel schneiden. Chilischote waschen, halbieren und die Kerne entfernen. Schote ebenfalls in sehr feine Würfel schneiden.

3. Öl in einer Pfanne erhitzen und Zwiebelwürfel darin andünsten, nach einigen Minuten die Chiliwürfel kurz mitgaren, Zucker hinzufügen.

4. Die weich gekochten Bohnen im Mixer mit etwas von der Flüssigkeit pürieren, so dass ein sämiges Püree entsteht.

5. Zwiebelwürfel und Chiliwürfel hinzugeben und mit Crème fraîche unterrühren. Mit Salz, Pfeffer und Cayennepfeffer würzen. Das Bohnenpüree warm stellen.

6. Für die Enchiladas Weizenmehl, Maismehl, das verquirlte Ei, Backpulver, Salz und Milch zu einem glatten Teig verrühren.

7. Öl in einer Pfanne erhitzen und aus dem Teig nacheinander 8 Pfannkuchen (Ø 16 cm) backen.

8. Die Pfannkuchen halbieren, etwas Bohnenpüree auf jeden Pfannkuchen geben und ihn zu einer Tüte zusammenrollen, evtl. in Servietten oder Pergamentpapier eingewickelt servieren.

GEFÜLLTE TOMATEN *(24 Stück)*

1. Reis nach Packungsaufschrift garen und erkalten lassen.

2. Tomaten waschen, trockentupfen, einen Deckel abschneiden und das Tomateninnere mit einem Teelöffel aushöhlen.

3. Paprika halbieren, entstielen, entkernen, die weißen Scheidewände entfernen, Schoten waschen und fein würfeln. Frühlingszwiebeln putzen, waschen und in feine Ringe schneiden.

4. Paprika, Frühlingszwiebeln und Mais unter den Reis mischen. Öl unterrühren und mit Salz und Pfeffer abschmecken.

5. Die Masse in die Tomaten füllen und den Deckel darauf legen.

Abwandlung: 6 Stangen gegarten Spargel in sehr feine Scheiben schneiden. Aus 6 Esslöffeln Olivenöl, 1 Teelöffel Dijon-Senf, 1 Esslöffel Zitronensaft, Salz, Pfeffer und 1 Prise Zucker eine Vinaigrette zubereiten und den Spargel darin marinieren. 2 Esslöffel gehackte, glatte Petersilie unterrühren und die ausgehöhlten Tomaten damit füllen.

DIE ZUTATEN:

100 g LANGKORNREIS
24 KLEINE TOMATEN
1 KLEINE, GRÜNE PAPRIKASCHOTE
½ BUND FRÜHLINGSZWIEBELN
1 KLEINE DOSE (140 g) GEMÜSEMAIS
2–3 EL SPEISEÖL
SALZ
FRISCH GEMAHLENER PFEFFER

Tipp:
Die Tomaten können gut einige Stunden vor dem Verzehr zubereitet werden. Statt Mais können auch 100 g Käsewürfel unter die Masse gegeben werden.

befüllte Kartoffeln

DIE ZUTATEN:

**4 GROSSE KARTOFFELN
(à 200 g)
8 RADIESCHEN
2 FRÜHLINGSZWIEBELN
2 EL SCHNITTLAUCH-
RÖLLCHEN
2 EL WEISSWEINESSIG
1 MSP. SENF
SALZ
FRISCH GEMAHLENER
PFEFFER
1 PRISE ZUCKER
4 EL SONNENBLUMENÖL
SCHNITTLAUCHHALME**

KARTOFFELN MIT GEMÜSE-BELAG *(4 STÜCK)*

1. Kartoffeln waschen, in Wasser zum Kochen bringen, in 20–25 Minuten gar kochen lassen.

2. Kartoffeln abgießen, abdämpfen und erkalten lassen. Die Kartoffeln längs halbieren, eine Hälfte pellen, in dünne Scheiben schneiden.

3. Radieschen putzen, waschen und in Scheiben schneiden. Frühlingszwiebeln putzen, waschen, in Ringe schneiden, die beiden Zutaten mit Schnittlauchröllchen und Kartoffelscheiben mischen.

4. Essig mit Senf, Salz, Pfeffer und Zucker verrühren, Öl unterschlagen und mit der Kartoffel-Gemüse-Füllung verrühren.

5. Die Kartoffelhälften salzen und die Füllung darauf geben. Mit Schnittlauchhalmen garnieren.

befüllte Kartoffeln

DIE ZUTATEN:

**4 GROSSE KARTOFFELN
(à 200 g)
2 KNOBLAUCHZEHEN
SALZ
2 EL JOGHURT
100 g CRÈME FRAÎCHE
FRISCH GEMAHLENER
PFEFFER
1 PRISE ZUCKER
1 TL ZITRONENSAFT**

KARTOFFELN MIT CRÈME-FRAÎCHE-FÜLLUNG *(4 STÜCK)*

1. Kartoffeln waschen, in Wasser zum Kochen bringen, in 20–25 Minuten gar kochen lassen, abgießen, abdämpfen und erkalten lassen.

2. Kartoffeln der Länge nach halbieren, eine Hälfte pellen, längs halbieren und in dünne Scheiben schneiden.

3. Knoblauch abziehen, zerdrücken und mit Salz, Joghurt, Crème fraîche, Pfeffer, Zucker und Zitronensaft verrühren. Die Crème fraîche-Füllung mit den Kartoffelscheiben vermischen und auf die gesalzenen Kartoffelhälften geben.

Tipp:
Die Kartoffelhälften mit kleinen Salatgurken- und Tomatenwürfeln bestreuen.

DIE ZUTATEN:

gefüllte Kartoffeln

DIE ZUTATEN:

**4 GROSSE KARTOFFELN
(à 200 g)
100 g SHRIMPS
3 EL SONNENBLUMENÖL
2 EL ESTRAGONESSIG
1 EL GEHACKTE
PETERSILIE
1 EL GEHACKTER DILL
SALZ
FRISCH GEMAHLENER
PFEFFER
1 BECHER (150 g)
CRÈME FRAÎCHE
2 TL TOMATENMARK**

KARTOFFELSALAT MIT SHRIMPS *(FOTO SEITE 61 – 4 STÜCK)*

1. Kartoffeln waschen, in Wasser zum Kochen bringen, in 20–25 Minuten gar kochen lassen, abgießen, abdämpfen und erkalten lassen.

2. Jeweils eine Kartoffelhälfte pellen, längs halbieren, in dünne Scheiben schneiden. Die Kartoffelscheiben mit Shrimps, Öl, Essig, Petersilie, Dill, Salz und Pfeffer mischen. Die Mischung auf die gesalzenen Kartoffelhälften geben.

3. Crème fraîche mit Salz, Pfeffer und Tomatenmark verrühren und auf dem Shrimpsbelag verteilen.

Tipp:
Statt Shrimps Nordseekrabben einsetzen.

---

gefüllte Kartoffeln

DIE ZUTATEN:

**4 KARTOFFELN (à 200 g)
SALZ
2 ZWIEBELN ODER
SCHALOTTEN
4 DÜNNE SCHEIBEN
DURCHWACHSENER SPECK
(ETWA 30 g)
2 EL SPEISEÖL
2 EL KRÄUTERESSIG
SALZ
FRISCH GEMAHLENER
PFEFFER
BORRETSCHBLÄTTER**

KARTOFFELN MIT SPECK-FÜLLUNG *(FOTO SEITE 61 – 4 STÜCK)*

1. Kartoffeln waschen, in Wasser zum Kochen bringen, in 20–25 Minuten gar kochen lassen.

2. Kartoffeln abgießen, abdämpfen, erkalten lassen und der Länge nach halbieren. 4 Hälften mit Salz bestreuen, die anderen Kartoffelhälften pellen, längs halbieren und in dünne Scheiben schneiden.

3. Zwiebeln oder Schalotten abziehen und in Würfel schneiden. Speckscheiben längs halbieren, Speiseöl in einer Pfanne erhitzen und Schalottenwürfel und Speck darin glasig dünsten.

4. Kräuteressig, Salz und Pfeffer dazugeben, mit den Kartoffelscheiben mischen und auf die gesalzenen Kartoffelhälften geben. Mit Borretschblättern garnieren.

STAUDENSELLERIE MIT ROQUEFORT *(16 STÜCK)*

DIE ZUTATEN:

**4 STÄNGEL STAUDEN-
SELLERIE (ETWA 200 g
OHNE GRÜN)**
150 g ROQUEFORT-KÄSE
6 EL SCHLAGSAHNE
GROBER PFEFFER
PAPRIKAPULVER EDELSÜSS
**EINIGE KRÄUTERZWEIGE,
Z.B. KERBEL**

1. Staudensellerie putzen, harte Fäden an der Außenseite der Stängel abziehen, die Stängel waschen und trockentupfen.

2. Käse mit einer Gabel zerdrücken. Sahne nach und nach unterrühren, so lange rühren, bis eine geschmeidige Masse entstanden ist.

3. Die Käsecreme in die Selleriestangen füllen oder spritzen und die Stangen in mundgerechte Stücke schneiden.

4. Ein Drittel der Stücke mit grobem Pfeffer bestreuen, ein Drittel mit Paprika bestäuben und die restlichen mit den Kräuterzweigen garnieren.

Tipp:

Einen Avocado-Dip in die Selleriestangen füllen. Dazu das Fruchtfleisch einer reifen Avocado mit 2 Teelöffeln Zitronensaft und 75 g Frischkäse pürieren. Mit Salz und Pfeffer und evtl. nach Belieben mit einer abgezogenen, zerdrückten Knoblauchzehe abschmecken. Allerdings müssen die mit Avocado gefüllten Selleriestangen sofort verzehrt werden, da sie schnell braun werden.

STRUDELTASCHEN *(FOTO – 35 STÜCK)*

1. Für den Teig Mehl in eine Rührschüssel sieben. Salz, Wasser, Ei und Öl hinzufügen. Die Zutaten mit Handrührgerät mit Knethaken zunächst kurz auf niedrigster, dann auf höchster Stufe gut durcharbeiten.

2. Anschließend auf der Arbeitsfläche zu einem glatten Teig verkneten. Den Teig auf Backpapier in einen heißen, trockenen Kochtopf legen (vorher Wasser darin kochen), mit einem Deckel verschließen, etwa 30 Minuten ruhen lassen.

3. Für die Füllung Auberginen putzen, waschen, abtrocknen und in kleine Würfel schneiden. Öl erhitzen, die Auberginenwürfel kurz darin anbraten.

4. Salami fein würfeln. Knoblauch abziehen, zerdrücken, beide Zutaten zu den Auberginen geben, mit Salz und Pfeffer würzen und abkühlen lassen.

5. Den Teig auf einem bemehlten großen Tuch (Küchentuch) zu einem Rechteck (50 x 35 cm) ausrollen (evtl. in 2 Portionen ausrollen), in 35 Quadrate (7 x 5 cm) schneiden, etwas Füllung auf jede Hälfte eines Teigstückes geben, dann jeweils die andere Teighälfte über die Füllung klappen und die Ränder gut andrücken.

6. Die Taschen auf ein gefettetes Backblech legen, mit etwas Butter bestreichen. Während des Backens mit der restlichen Butter bestreichen.

Ober-/Unterhitze: 180–200 °C (vorgeheizt)
Heißluft: 160–180 °C (vorgeheizt)
Gas: etwa Stufe 3 (vorgeheizt)
Backzeit: etwa 20 Minuten.

7. Die Strudeltaschen lauwarm servieren oder kurz vor dem Servieren wieder aufbacken.

SPANISCHE SALZMANDELN
(8 PORTIONEN)

1. Mandeln in kochendes Wasser geben, das Wasser wieder zum Kochen bringen, etwa 15 Sekunden lang kochen lassen, abgießen, mit kaltem Wasser übergießen und die Schale abziehen. Die Mandeln über Nacht trocknen lassen.

2. Öl in einem kleinen Topf erhitzen und die Mandeln portionsweise darin goldbraun frittieren. Auf Küchenpapier abtropfen lassen und mit Salz bestreut servieren.

Tipp:
Zu diesen Tapas ein Glas Sherry oder Cava-Sekt reichen.

**8 GROSSE CHAMPIGNONS
(JE 60 g)
6 EL OLIVENÖL
3 EL WEISSWEINESSIG
SALZ
1 PRISE ZUCKER
FRISCH GEMAHLENER
PFEFFER
150 g GEWASCHENE
RAUKEBLÄTTER
GEHOBELTER PARMESAN**

GEFÜLLTE CHAMPIGNONS

(8 STÜCK)

1. Champignons putzen, mit Küchenpapier abreiben, evtl. abspülen, entstielen. Stiele in kleine Würfel schneiden.

2. Öl, Essig, Salz, Zucker und Pfeffer zu einer Marinade verrühren, Champignons etwas aushöhlen und mit etwas Marinade marinieren.

3. Champignons mit einigen Raukeblättern auslegen. Die restlichen Raukeblätter in dünne Streifen schneiden, mit den Champignonwürfeln und dem Rest der Marinade mischen, in die Champignons füllen und mit Parmesan garnieren.

**4 KLEINE KOHLRABI
(à 300 g)
750 ml (³/₄ l) GEMÜSE-
BRÜHE
150 g ZUCKERSCHOTEN
200 g MÖHREN
40 g BUTTER
ETWAS WASSER
SALZ
1 PRISE ZUCKER
1 BECHER (125 g)
CRÈME DOUBLE
SENF
FRISCH GEMAHLENER
PFEFFER
2 TL ZITRONENSAFT
¹/₂ TL CURRYPULVER
2 EL GEHACKTE KRÄUTER,
Z.B. PETERSILIE, KERBEL
FRISCHE, GROB GEHOBELTE
KOKOSNUSS**

GEFÜLLTE KOHLRABI *(4 STÜCK)*

1. Kohlrabi schälen, waschen und jeweils einen Deckel abschneiden.

2. Brühe zum Kochen bringen, die Kohlrabi mit den Deckeln hineingeben, etwa 15 Minuten kochen lassen, herausnehmen und erkalten lassen.

3. Die Kohlrabi bis auf einen ¹/₂ cm dicken Rand aushöhlen, das Innere in Streifen schneiden.

4. Von den Zuckerschoten die Enden abschneiden, die Schoten evtl. abfädeln und waschen. Möhren putzen, schälen, waschen und in Stifte schneiden.

5. Butter zerlassen, Zuckerschoten und Möhren darin andünsten, evtl. etwas Wasser dazugießen, mit Salz und Zucker abschmecken, bissfest garen, mit den Kohlrabistreifen mischen und erkalten lassen.

6. Crème double mit Senf, Pfeffer, Zitronensaft, Curry und Kräutern verrühren, mit dem Gemüse vorsichtig vermengen, den Salat in die Kohlrabi füllen.

7. Mit Kokosnuss bestreuen und die Deckel aufsetzen.

GEFÜLLTE PAPRIKA *(4 Stück)*

1. Von den Paprikaschoten einen Deckel (etwa ⅓ der Schote) abschneiden, die weißen Scheidewände entfernen, entkernen und die Stängelansätze entfernen. Die Schoten waschen und trockentupfen.

2. Vom Deckel eine 1 cm dicke Scheibe abschneiden und in Streifen schneiden. Zwiebeln abziehen und in Ringe schneiden, Salatgurke schälen und in Würfel schneiden.

3. Tomaten kurze Zeit in kochendes Wasser legen (nicht kochen lassen), in kaltem Wasser abschrecken, enthäuten, vierteln, entkernen und die Stängelansätze herausschneiden. Das Tomatenfleisch in Würfel schneiden.

4. Oliven evtl. entkernen. Das klein geschnittene Gemüse mit den Oliven mischen.

5. Öl mit Essig, Salz, Pfeffer, Zucker und Petersilienblättern verrühren. Knoblauch abziehen, fein würfeln und unterrühren.

6. Die Sauce mit dem Gemüse vermengen, den Salat in die Paprika füllen und mit dem Deckel dekorieren.

DIE ZUTATEN:

4 KLEINE PAPRIKA-
SCHOTEN (à 150 g)
2 KLEINE ZWIEBELN
300 g SALATGURKE
250 g KLEINE TOMATEN
12 SCHWARZE OLIVEN
6 EL OLIVENÖL
3 EL KRÄUTERESSIG
SALZ
FRISCH GEMAHLENER
PFEFFER
1 PRISE ZUCKER
2 EL PETERSILIENBLÄTTER
2 KNOBLAUCHZEHEN

**1 RADICCHIOKOPF
(ETWA 250 g)**
200 g SPAGHETTI
150 g SALAMI
5 EL OLIVENÖL
2 EL WEISSWEINESSIG
SALZ
**FRISCH GEMAHLENER
PFEFFER**
1 KNOBLAUCHZEHE

**FÜR DIE PFANNKUCHEN-
RÖLLCHEN:**
75 g WEIZENMEHL
2 EIER (GRÖSSE M)
100 ml MINERALWASSER
SALZ
**FRISCH GEMAHLENER
PFEFFER**
**2 EL SCHNITTLAUCH-
RÖLLCHEN**
4–5 EL SPEISEÖL

RADICCHIO MIT SPAGHETTI UND PFANNKUCHEN-RÖLLCHEN

(12–16 STÜCK)

1. Radicchiokopf in einzelne Blätter zerteilen, waschen, trockentupfen, die kleinen Salatblätter in dünne Streifen schneiden, 12–16 größere Salatblätter zurückbehalten.

2. Spaghetti in reichlich Salzwasser nach Packungsanleitung garen, abschrecken, abtropfen und erkalten lassen, dann etwas zerkleinern.

3. Salami in dünne Scheiben oder Streifen schneiden, mit Spaghetti und Salat-streifen vermischen.

4. Öl mit Essig verrühren, mit Salz und Pfeffer würzen. Knoblauch abziehen, in kleine Würfel schneiden und zur Marinade geben.

5. Die Salatmarinade mit den Salatzutaten vermengen und in die größeren Salatblät-ter füllen.

6. Für die Pfannkuchenröllchen Mehl, Eier, Mineralwasser, Salz, Pfeffer und Schnitt-lauchröllchen zu einem glatten Teig verrühren. Öl erhitzen und kleine Pfannkuchen backen.

7. Die Pfannkuchen zusammenrollen, die Röllchen in dünne Scheiben schneiden und dekorativ auf dem Salat verteilen.

Tipp:
Statt Spaghetti können auch die dünneren Spaghettini genommen werden. Meist sind sie in Feinkostläden zu bekommen.

FENCHEL, MIT SEEZUNGE GEFÜLLT *(FOTO SEITE 69 – 8 STÜCK)*

1. Seezungenfilets unter fließendem kalten Wasser abspülen, trockentupfen, mit Salz und Pfeffer bestreuen, mit je 2 Dillzweigen belegen, aufrollen und mit einem Holzspieß zusammenstecken.

2. Fischfond oder -brühe und Wein aufkochen, Seezungenröllchen hineinlegen und 5 Minuten ziehen lassen.

3. Fenchelknollen putzen, die Stiele dicht oberhalb der Knollen abschneiden, braune Stellen und Blätter entfernen. Fenchel halbieren, waschen, 8 Fenchelschalen und das zarte Grün beiseite legen. Die inneren Schichten der Knolle in feine Streifen schneiden.

4. Fenchelschale jeweils mit etwas von Feldsalatblättern, Orangenscheiben und den Fenchelstreifen auslegen.

5. Für die Marinade Orangensaft mit Zitronensaft, Honig und Distelöl verrühren, mit Salz und Pfeffer abschmecken, Fenchelgrün zugeben und auf die Fenchelschalen verteilen.

6. Seezungenfilet in Scheiben schneiden, darauf legen und mit Paprika bestäuben.

GRÜNER SPARGELSTRAUSS

(FOTO SEITE 69 – 8 STÜCK)

1. Vom Spargel das untere Drittel schälen, die unteren Enden gerade schneiden, den Spargel evtl. in Stücke schneiden.

2. Wasser mit Salz, Zucker und Butter in einem Topf zum Kochen bringen, den Spargel hineingeben, in 10 Minuten garen, herausnehmen und erkalten lassen.

3. Jeweils 3 Stangen auf Römersalatblättern anrichten. Olivenöl mit Zitronensaft, Salz, Pfeffer und Zucker verrühren, den Spargel damit beträufeln.

4. Eier pellen, in kleine Würfel schneiden, den Spargel damit bestreuen, den Salat mit Zitronenschalespiralen garnieren.

SPINAT MIT LACHS *(4 PORTIONEN)*

1. Lachsfilet unter fließendem kalten Wasser abspülen, trockentupfen, mit Salz und Pfeffer bestreuen.

2. Fischfond oder -brühe mit Wein zum Kochen bringen, Fischfilet hineingeben und etwa 6 Minuten ziehen lassen, zwischendurch wenden, im Sud erkalten lassen und in Stücke zerteilen.

3. Spinatblätter sorgfältig verlesen, waschen und abtropfen lassen, bis auf einige Blätter in dünne Streifen schneiden.

4. Von den Radieschen und dem Rettich das Grün entfernen und das Gemüse waschen. Radieschen in Scheiben schneiden, Rettich in Stifte schneiden.

5. Mungobohnenkeimlinge abspülen, mit den anderen Gemüsen und den Lachsstücken mischen. Sesamöl mit Weißweinessig verrühren, mit Salz, Zucker und Pfeffer abschmecken.

6. Den Salat vorsichtig damit vermengen und auf Spinatblättern mit gerösteten Pinienkernen und Sesamsamen anrichten.

DIE ZUTATEN:

300 g LACHSFILET
SALZ
FRISCH GEMAHLENER PFEFFER
250 ml (¼ l) FISCHFOND ODER -BRÜHE
125 ml (⅛ l) WEISSWEIN
200 g SPINATBLÄTTER
1 BUND (ETWA 10) RADIESCHEN
150 g RETTICH
100 g MUNGOBOHNEN-KEIMLINGE
5 EL SESAMÖL
3 EL WEISSWEINESSIG
1 PRISE ZUCKER
GERÖSTETE PINIENKERNE
SESAMSAMEN

GEFÜLLTE ARTISCHOCKEN-BÖDEN *(8 STÜCK)*

1. Eier pellen und halbieren. Eigelb mit Butter, Crème fraîche, Sardellenfilets, Kapern und Kapernsud im Mixer pürieren. Die Masse mit Pfeffer, Muskat und Thymian würzen.

2. Artischockenböden gut abtropfen lassen, die Eiermasse in einen Spritzbeutel mit gezackter Tülle füllen und auf die Artischockenböden spritzen.

3. Die gefüllten Artischocken mit jeweils einer Olivenhälfte garnieren und auf einer Platte anrichten.

DIE ZUTATEN:

3 HART GEKOCHTE EIER
30 g WEICHE BUTTER
1 EL CRÈME FRAÎCHE
2 SARDELLENFILETS
2 TL ABGETROPFTE KAPERN
2 TL KAPERNSUD
FRISCH GEMAHLENER PFEFFER
GERIEBENE MUSKATNUSS
½ TL GEREBELTER THYMIAN
8 SAUER EINGELEGTE ARTISCHOCKENBÖDEN
4 HALBIERTE, GRÜNE ODER SCHWARZE OLIVEN

KÄSE, BROT & EIER

MOZZARELLA IM SCHINKENHEMD, REZEPT SEITE 74

250 g MOZZARELLA
100 g PARMASCHINKEN
3–5 FRÜHLINGSZWIEBELN
ODER 1 BUND SCHNITT-
LAUCH
BASILIKUMBLÄTTCHEN

MOZZARELLA IM SCHINKEN-HEMD *(FOTO SEITE 72/73 – 16 STÜCK)*

1. Käse in knapp fingerdicke Streifen schneiden. Jeden Streifen mit einer längs doppelt gefalteten Scheibe Schinken umwickeln, so dass oben und unten noch ein Stück Käse sichtbar bleibt.

2. Den Schinken mit einem Frühlingszwiebelstreifen oder einem abgespülten Schnittlauchhalm umwickeln und ein Basilikumblättchen einbinden.

Tipp:

Mozzarella im Schinkenhemd auf einer Platte mit Salatblättern und Tomatenwürfeln anrichten.

DIE ZUTATEN:

1 REIFE AVOCADO
80 g ROQUEFORT-KÄSE
2–3 TL ZITRONENSAFT
FRISCH GEMAHLENER,
WEISSER PFEFFER
6 RECHTECKIGE SCHEIBEN
VOLLKORNBROT
4 TOMATEN
1 KÄSTCHEN KRESSE

AVOCADOBROTE *(FOTO – 12 STÜCK)*

1. Avocado halbieren, entsteinen, das Fruchtfleisch aus der Schale lösen, mit Roquefort pürieren. Mit Zitronensaft und Pfeffer würzen.

2. Vollkornbrote mit Avocadocreme bestreichen und diagonal halbieren (größere Scheiben nochmals durchschneiden). Tomaten waschen, trockentupfen, Stängelansätze herausschneiden, Tomaten in Scheiben schneiden, jeweils 3 Scheiben schuppenförmig in die Mitte der Brote legen.

3. Von der Kresse die Blättchen abschneiden und die Brote damit garnieren.

Tipp:

Da sich Avocados bei längerem Stehen bräunlich färben, sollte die Creme erst kurz vor dem Verzehr zubereitet werden. Statt Roquefort-Käse kann auch Frischkäse verwendet werden; der Geschmack ist dann milder. Nach Belieben noch eine fein gehackte Zwiebel unterrühren und mit Salz würzen.

DIE ZUTATEN:

200 g DOPPELRAHM-
FRISCHKÄSE
250 g FRANZÖSISCHER
FRISCHRAHMKÄSE (70%)
SALZ
FRISCH GEMAHLENER
PFEFFER
2 BUND FEIN
GESCHNITTENER SCHNITT-
LAUCH

FRISCHKÄSE-KRÄUTER-KUGELN

1. Die beiden Käsesorten verrühren, mit Salz und Pfeffer würzen, kalt stellen. Mit nassen Händen aus der Masse etwa 12 Bällchen formen.

2. Die Kugeln in Kräutern wenden, auf einer Platte anrichten und bis zum Verzehr kalt stellen.

Tipp:
Sie können die Kugeln auch in Paprika, Dill,
roten Zwiebelwürfeln oder Brotbröseln wenden.

KÄSE- UND OLIVEN- CANAPÉS *(24 STÜCK)*

DIE ZUTATEN:

300 g DOPPELRAHM-
FRISCHKÄSE
4 EL SCHLAGSAHNE
30 g WEICHE BUTTER
1 TL PAPRIKAPULVER
EDELSÜSS
SALZ
FRISCH GEMAHLENER
PFEFFER
12 CRÄCKER
12 PUMPERNICKELTALER
24 GEFÜLLTE OLIVEN MIT
MANDELN UND PAPRIKA
1 EL SCHNITTLAUCH-
RÖLLCHEN

1. Frischkäse mit Sahne, Butter, Paprika, Salz und Pfeffer zu einer cremigen Masse verrühren.

2. Die Käsecreme in einen Spritzbeutel mit Sterntülle füllen und auf Cräcker und Pumpernickeltaler Rosetten spritzen.

3. Mit gefüllten Oliven und Schnittlauchröllchen garnieren, mit je einem Stick versehen und anrichten.

Abwandlung: 150 g Roquefort-Käse und 150 g saure Sahne pürieren, mit Pfeffer abschmecken und 1 Esslöffel klein gehackte Kapern unterrühren. Die Masse in einen Spritzbeutel mit großer Lochtülle füllen und auf die Cräcker und Pumpernickel spitzen. Nach Belieben mit Kapern garnieren.

FÜR DEN TEIG:
50 g BUTTER
50 g WEIZENMEHL
250 ml (¼ l) MILCH
150 g GERIEBENER BERG-
KÄSE
4 EIGELB (GRÖSSE M)
SALZ
FRISCH GEMAHLENER
PFEFFER
GERIEBENE MUSKATNUSS
4 EIWEISS

FÜR DIE FÜLLUNG:
JE 1 GELBE UND GRÜNE
PAPRIKASCHOTE
2 BUND SCHNITTLAUCH
300 g DOPPELRAHM-
FRISCHKÄSE
CAYENNEPFEFFER
50 g GERIEBENER BERG-
KÄSE

KÄSE-ROULADE *(ETWA 30 STÜCK)*

1. Für den Teig Butter in einem Topf zerlassen, Mehl hinzufügen und goldgelb andünsten. Mit Milch ablöschen, einmal kurz aufkochen, dann Käse darin schmelzen.

2. Eigelb unter die Milch-Käse-Masse rühren, die Masse mit Salz, Pfeffer und Muskat würzen.

3. Eiweiß zu steifem Schnee schlagen und unterheben. Die Teigmasse auf ein mit Backpapier belegtes Backblech verteilen und glatt streichen.

Ober-/Unterhitze: etwa 180 °C (vorgeheizt)
Heißluft: etwa 160 °C (vorgeheizt)
Gas: Stufe 2–3 (vorgeheizt)
Backzeit: etwa 15 Minuten.

4. Die Teigplatte leicht abkühlen lassen.

5. Für die Füllung Paprika halbieren, entstielen, entkernen, die weißen Scheidewände entfernen, Schoten waschen und in kleine Würfel schneiden. Schnittlauch abspülen, trockentupfen und in feine Röllchen schneiden.

6. Frischkäse mit Paprikawürfeln und Schnittlauchröllchen verrühren, mit Salz, Pfeffer und Cayennepfeffer abschmecken.

7. Den Käseteig quer halbieren, jeweils mit der Käse-Paprika-Masse bestreichen. Mit dem Backpapier zu zwei kleinen Rouladen aufrollen. Die Rouladen mit Käse bestreuen und kurz (der Käse wird sonst zu flüssig) unter dem Grill gratinieren, bis der Käse auf den Rouladen zerlaufen ist.

8. Die Rouladen in Scheiben geschnitten anrichten.

Tipp:
Die Rouladenscheiben in
Pralinenförmchen servieren.

DIE ZUTATEN:

4 HART GEKOCHTE EIER
1 SCHWACH GEH. EL
MAYONNAISE
1 SCHWACH GEH. TL SENF
SALZ
FRISCH GEMAHLENER
PFEFFER
1 PRISE ZUCKER
GEWASCHENE SALAT-
BLÄTTER
SARDELLENSTREIFEN
GURKENSTREIFEN

RUSSISCHE EIER *(8 STÜCK)*

1. Eier pellen, längs halbieren, das Eigelb herauslösen, durch ein feines Sieb streichen und mit Mayonnaise und Senf zu einer geschmeidigen Masse verrühren. Die Creme mit Salz, Pfeffer und Zucker abschmecken.

2. Die Masse in einen Spritzbeutel füllen und in die Eihälften spritzen. Die Eier auf Salatblättern anrichten, mit Sardellen- und Gurkenstreifen garnieren.

Abwandlung: Unter die Eigelbfüllung Tomatenmark, fein gewiegte Kräuter, fein gehackte Sardellen oder fein gehackten, rohen Schinken rühren, mit Salz abschmecken.

ZIEGENFRISCHKÄSE MIT RAUKE-PESTO *(12 STÜCK)*

1. Die Knoblauchzehen abziehen. Die Pinienkerne in einer Pfanne ohne Fett anrösten, abkühlen lassen.

2. Rauke waschen, trockenschleudern, fein schneiden. In einem Blitzhacker zuerst Knoblauch mit Salz und Pfeffer hacken, dann Pinienkerne, Rauke, Olivenöl, Traubenkernöl und Parmesan oder Grana padano zugeben und zu einer Paste fein zerhacken.

3. Ziegenkäse auf einer Platte anrichten. Rauke-Pesto darauf verteilen.

4. Cocktailtomaten waschen, halbieren, auf der Platte verteilen.

Tipp:

Mit Vollkornbrötchen oder Ciabatta servieren.
Das klassische Pesto ist mit der gleichen Menge Basilikum statt Rauke zubereitet. Wenn es mal schneller gehen soll, kann ein Glas gekauftes Pesto verwendet werden.

DIE ZUTATEN:

3 KNOBLAUCHZEHEN
50 g PINIENKERNE
1 BUND RAUKE
(ETWA 100 g)
1 TL SALZ
FRISCH GEMAHLENER
PFEFFER
100 ml OLIVENÖL
50 ml TRAUBENKERNÖL
120 g FEIN GERASPELTER
PARMESAN ODER GRANA
PADANO
12 KLEINE ZIEGENKÄSE
(à 40 g)
10 COCKTAILTOMATEN

FÜR DEN BRANDTEIG:

125 ml (¹/₈ l) WASSER

1 PRISE SALZ

25 g BUTTER ODER
MARGARINE

75 g WEIZENMEHL

15 g SPEISESTÄRKE

2–3 EIER (GRÖSSE M)

¹/₂ TL BACKPULVER

100 g GERASPELTER
EMMENTALER

**FÜR DIE FRISCHKÄSE-
SCHINKEN-FÜLLUNG:**

200 g DOPPELRAHM-
FRISCHKÄSE

1 BECHER (150 g)
CRÈME FRAÎCHE

SALZ

FRISCH GEMAHLENER
PFEFFER

100 g ROHER SCHINKEN

PAPRIKA EDELSÜSS

**FÜR DIE
TOMATENFÜLLUNG:**

4 TOMATEN (320 g)

400 g FRÜHLINGSQUARK

SCHNITTLAUCH

KÄSEWINDBEUTELCHEN MIT PIKANTEN FÜLLUNGEN

(ETWA 35 STÜCK)

1. Für den Brandteig Wasser, Salz und Butter oder Margarine (am besten in einem Stieltopf) zum Kochen bringen. Mehl mit Speisestärke mischen, sieben, auf einmal in die von der Kochstelle genommene Flüssigkeit schütten, zu einem glatten Kloß rühren und unter Rühren etwa 1 Minute erhitzen.

2. Den heißen Kloß sofort in eine Schüssel geben, nach und nach Eier mit Hand-rührgerät mit Knethaken auf höchster Stufe unterarbeiten (die Anzahl der Eier hängt von der Beschaffenheit des Teiges ab, er muss stark glänzen und so von einem Löffel abreißen, dass lange Spitzen hängen bleiben).

3. Backpulver in den erkalteten Teig arbeiten, zuletzt Emmentaler unterheben. Den Teig mit 2 Teelöffeln in walnussgroßen Häufchen auf ein gefettetes, mit Mehl be-stäubtes Backblech setzen. Das Backblech in den Backofen schieben.

Ober-/Unterhitze: 200–220 °C (vorgeheizt)
Heißluft: 160–180 °C (vorgeheizt)
Gas: etwa Stufe 4 (vorgeheizt)
Backzeit: etwa 20 Minuten.

4. Sofort nach dem Backen von jedem Windbeutel einen Deckel abschneiden und das Gebäck auskühlen lassen.

5. Für die Frischkäse-Schinken-Füllung Frischkäse und Crème fraîche verrühren, mit Salz und Pfeffer abschmecken.

6. Schinken in feine Würfel schneiden und unterrühren. Die Windbeutel damit füllen, Deckel wieder auflegen und mit Paprika bestäuben.

7. Für die Tomatenfüllung Tomaten waschen, trockentupfen, Stängelansätze heraus-schneiden, Tomaten in dünne Scheiben schneiden und auf den Windbeutelunterteilen verteilen. Jeweils 2 Teelöffel Frühlingsquark darauf geben und mit Schnittlauch gar-nieren. Die Deckel darauf legen.

Tipp:
Die Windbeutel schon vorher backen und ohne Füllung einfrieren. Windbeutel auftauen lassen, 3 Minuten bei 180 °C (Heißluft: etwa 160 °C, Gas: Stufe 2-3) aufbacken und dann füllen.

Gefülltes Baguette

(18 Scheiben)

1. Von den Baguettebrötchen jeweils die spitzen Enden abschneiden, mit einem spitzen, langen Messer (oder einem Gemüseausstecher) etwa 2 cm dicke Löcher hineinbohren.

2. Putenleberwurst mit Zitronensaft verrühren. Eier pellen und fein hacken. Rauke putzen, waschen, trockentupfen und fein hacken.

3. Eierwürfel und Rauke vorsichtig unter die Putenleberwurst rühren, die Masse in einen Spritzbeutel füllen und in die Baguettelöcher spritzen.

4. Die Brötchen mit Frischhaltefolie verpacken und etwa 2 Stunden im Kühlschrank durchkühlen lassen. Die Baguettebrötchen in etwa ½ cm dicke Scheiben schneiden.

Gefüllte Körnerbrötchen

(16 Scheiben)

1. Die Brötchen waagerecht halbieren und etwas aushöhlen. Den Salat mit Petersilie und Sonnenblumenkernen verrühren und auf die Brötchenhälften verteilen.

2. Den Schnittlauch verlesen, abspülen und trockentupfen. Sellerie putzen, die harten Außenfäden abziehen, waschen und trockentupfen. Beide Zutaten der Länge nach in die Mitte der beiden unteren Brötchenhälften legen. Die Brötchen wieder zusammensetzen, gut andrücken und etwa 30 Minuten kühl stellen.

3. Jedes Brötchen mit einem scharfen Messer in 8 Scheiben schneiden.

Tipp:
Das Messer nach jedem Schnitt säubern, damit beim nächsten Schnitt die Brotoberfläche sauber bleibt.

DIE ZUTATEN:

1 KLEINES, OVALES FLADENBROT (120 g)

FÜR DIE FÜLLUNG:
1 DOSE (100 g) CHICKEN-SPREAD (HUHNAUFSTRICH, IN GUTSORTIERTEN SUPER-MÄRKTEN ERHÄLTLICH)
75 g SCHWARZE UND GRÜNE ENTSTEINTE, IN ÖL UND KRÄUTERN EIN-GELEGTE OLIVEN
1 EL GEHACKTES BASILIKUM
SALZ, PFEFFER
ETWAS ZITRONENSAFT
1 GRÜNE, TÜRKISCHE PAPRIKA (ETWA 50 g)

ZUM GARNIEREN:
8 HALBIERTE OLIVEN
16 BASILIKUMBLÄTTER

DIE ZUTATEN:

JE EIN RÖSTZWIEBEL- UND KNOBLAUCHBUTTER-BAGUETTE (à 175 g, FERTIGPRODUKT AUS DEM KÜHLREGAL)
8 KLEINE SCHEIBEN PUTENBRATEN
8 SCHEIBEN KÄSE, VER-SCHIEDENE SORTEN
ZUM GARNIEREN:
3 DICKE SCHEIBEN KÄSE (à 100 g), Z.B. BRENN-NESSEL ODER PAPRIKA
OBST, Z.B. WEINTRAUBEN, JOHANNISBEEREN, KARAMBOLE
KRÄUTERZWEIGE

GEFÜLLTES FLADENBROT

(FOTO SEITE 85 – 16 STÜCK)

1. Fladenbrot waagerecht durchschneiden. Für die Füllung Chickenspread mit den klein gehackten Oliven und Basilikum verrühren, mit Salz, Pfeffer und Zitronensaft abschmecken. Die Füllung auf die Fladenbrothälften streichen.

2. Paprika vierteln, entstielen, entkernen, die weißen Scheidewände entfernen, Schoten waschen, trockentupfen und auf die Füllung legen. Die Brothälften aufeinander legen, gut andrücken und mit einem scharfen Messer in etwa 16 Stücke schneiden.

3. Das Brot mit Olivenhälften und Basilikum garnieren.

Tipp:
Statt Fladenbrot Ciabatta verwenden.

PUTEN-KÄSE-BAGUETTES

(12 SCHEIBEN)

1. Die Baguettes nach Packungsanleitung zubereiten und die einzelnen Brotscheiben aufschneiden.

2. Die Baguettescheiben mit je 1 Scheibe Putenbraten und Käse belegen und auf einer Platte anrichten.

3. Die Ruck-Zuck-Brotplatte nach Belieben (und möglichem Zeitaufwand) garnieren.

Tipp:
Aus etwas dickeren Käsescheiben kleine Figuren ausstechen, z.B. Schmetterlinge und Blumen.

KÄSETÖRTCHEN *(30 STÜCK)*

1. Blätterteig zugedeckt bei Zimmertemperatur auftauen lassen, übereinander legen und dünn ausrollen.

2. Aus dem Blätterteig 30 Kreise (Ø 5 cm) ausstechen.

3. Für die Füllung Käse und Schinkenspeck in sehr feine Würfel schneiden. Tomate waschen, den Stängelansatz herausschneiden, die Tomate vierteln, entkernen, fein würfeln, mit Ei und Sahne verrühren. Käse- und Schinkenwürfel unterheben.

4. Den ausgestochenen Teig in die Papierbackförmchen geben, die Füllung darauf verteilen und die Förmchen in den Backofen schieben.

Ober-/Unterhitze: 180–200 °C (vorgeheizt)
Heißluft: 160–180 °C (vorgeheizt)
Gas: Stufe 3–4 (vorgeheizt)
Backzeit: etwa 15 Minuten.

DIE ZUTATEN:

5 TK-BLÄTTERTEIG-
PLATTEN (225 g)

FÜR DIE FÜLLUNG:
125 g SCHWEIZER KÄSE
100 g SCHINKENSPECK
1 MITTELGROSSE TOMATE
1 EI (GRÖSSE M)
125 ML (⅛ l) SCHLAG-
SAHNE

30 PAPIERBACKFÖRMCHEN

DIE ZUTATEN:

3 HART GEKOCHTE EIER
2 EL KRÄUTER-
CRÈME-FRAÎCHE
SALZ
FRISCH GEMAHLENER
PFEFFER
OLIVENÖL
2 EL GEHACKTE KRÄUTER,
Z.B. PETERSILIE, SCHNITT-
LAUCH, MAJORAN

GRÜNE EIER *(6 STÜCK)*

1. Eier längs halbieren, Eigelb herausnehmen und durch ein Sieb streichen. Eigelb mit Kräuter-Crème-fraîche, Salz und Pfeffer verrühren und abschmecken.

2. Die Eihälften von außen mit etwas Olivenöl bestreichen und mit den Kräutern bestreuen.

3. Die Eigelbcreme in einen Spritzbeutel mit Sterntülle füllen und in die Eiweißhälften spritzen. Die Eier mit Kräutern garnieren.

DIE ZUTATEN:

8 GERÖSTETE WEISSBROT-
SCHEIBEN
30 g BUTTER
2 HART GEKOCHTE EIER
4 TL KETAKAVIAR
4 TL SCHWARZER KAVIAR,
Z.B. BELUGA
EINIGE MAJORAN-
BLÄTTCHEN

KAVIAREIER AUF BROT-SCHEIBEN *(8 STÜCK)*

1. Brotscheiben mit Butter bestreichen. Eier pellen, in Scheiben schneiden und auf die Brotscheiben legen.

2. Jeweils 4 Brotscheiben mit den verschiedenen Kaviarsorten belegen und mit Majoran garnieren.

DIE ZUTATEN:

8 HART GEKOCHTE EIER
BLANCHIERTE
MÖHRENSCHEIBEN
GURKENSCHEIBEN
KAPERN
OLIVEN
BASILIKUM
KERBELBLÄTTCHEN
50 g SHRIMPS
DILL
PAPRIKASTREIFEN

GARNIERTE EIERHÄLFTEN *(16 STÜCK)*

1. Die Eier pellen und halbieren. Nach Belieben die Eierhälften mit den angegebenen Zutaten garnieren.

Eierplatte

DIE ZUTATEN:

1 l WASSER
3 EL ESSIG
4 EIER (GRÖSSE M)
4 WIRSINGBLÄTTER
4 PORREESTREIFEN
ROT-WEISS-MAYONNAISE
(AUS DER TUBE, FERTIG-
PRODUKT ODER NACH
BELIEBEN NUR
MAYONNAISE ODER NUR
KETCHUP)

POCHIERTE EIER IM NEST

(FOTO SEITE 89 – 4 STÜCK)

1. Wasser mit Essig zum Kochen bringen. Eier einzeln in einer Suppenkelle aufschlagen und vorsichtig in das kochende Wasser geben (bei Gas die Flamme klein stellen, bei Strom die Kochstelle ausstellen). Eier 3–4 Minuten darin garen, zwischendurch einmal wenden.

2. Eier mit einem Schaumlöffel herausnehmen, erkalten lassen und dann ringsherum in Form schneiden.

3. Wirsingblätter und Porreestreifen kurz in kochendem Salzwasser blanchieren, abschrecken, herausnehmen, mit kaltem Wasser abspülen und gut abtropfen lassen.

4. Jeweils ein Ei auf ein Wirsingblatt legen, etwas Mayonnaise darauf spritzen, die Wirsingblätter über dem Ei zusammenschlagen, das Ganze mit einem blanchierten Porreestreifen zusammenbinden.

DIE ZUTATEN:

1 TL SENFKÖRNER
1 EL OBSTESSIG
400 g SALATGURKE
SALZ
FRISCH GEMAHLENER
PFEFFER
1 ETWA 12 cm LANGES,
FRISCHES GRAUBROT
(KASTENFORM)
80 g BUTTER
160 g RÄUCHERLACHS
(IN SCHEIBEN)

LACHS-GURKEN-SCHNECKE

(ETWA 30 STÜCK)

1. Senfkörner in Obstessig einweichen und etwa 1 Stunde durchziehen lassen.

2. Salatgurke waschen, schälen, grob zerkleinern, im Mixer pürieren, mit Salz und Pfeffer würzen, in ein Mulltuch geben. Die Flüssigkeit herausdrücken. Das Gurkenmus mit den Senfkörnern verrühren.

3. Von dem Graubrot die Krusten abschneiden, der Länge nach quer in 4 etwa 1 cm dicke Scheiben schneiden und flach drücken. Die Brotplatten mit Butter bestreichen.

4. Räucherlachs auf den Brotplatten verteilen, mit Gurkenmus dünn bestreichen, zusammenrollen und mit Frischhaltefolie umwickeln. Die Brotrollen etwa 10 Stunden im Kühlschrank ruhen lassen.

5. Die Brotrollen aus der Frischhaltefolie nehmen und in 1 ½ cm dicke Scheiben schneiden.

MANDEL-OLIVEN-HÄPPCHEN IM SCHACHBRETTMUSTER

(8 PORTIONEN)

1. Rauchmandeln oder Macadamianüsse, Mandeln, Oliven und Butter in einem Mixer pürieren. Petersilie unter die Masse mischen und mit Zitronensaft, Pfeffer, Muskat und Kurkuma abschmecken.

2. Brot der Länge nach quer in 3 etwa 2–3 cm dicke Scheiben schneiden, die Kruste entfernen und die Mandel-Oliven-Paste (etwa 2 Esslöffel zurückbehalten) auf die Brotscheiben streichen.

3. Abwechselnd Weißbrot und Graubrot aufeinander legen. Das Brot in Alufolie einpacken, fest zusammendrücken und etwa 2 Stunden im Kühlschrank durchkühlen lassen.

4. Das Brot der Länge nach in 4 Scheiben und dann in je 3 Streifen schneiden. Jeweils 1 Seite Streifen mit der restlichen Mandel-Oliven-Paste bestreichen und auf einer Platte zusammensetzen, so dass jeweils ein heller Würfel an einem dunklen Würfel liegt, so dass ein Schachbrettmuster entsteht.

DIE ZUTATEN:

- **60 g RAUCHMANDELN ODER MACADAMIANÜSSE**
- **40 g GANZE, ABGEZOGENE MANDELN**
- **100 g ENTKERNTE, GRÜNE OLIVEN**
- **100 g BUTTER**
- **4 EL GEHACKTE PETERSILIE**
- **ZITRONENSAFT**
- **FRISCH GEMAHLENER PFEFFER**
- **GERIEBENE MUSKATNUSS**
- **KURKUMA**
- **½ FRISCHES KASTEN-WEISSBROT**
- **½ FRISCHES KASTEN-GRAUBROT**

RATGEBER

Partyplatten und Fingersnacks

Eigentlich sind Partyplatten eine ganz einfache und praktische Sache. Für einige Rezepte haben Sie vielleicht sogar schon alles da und könnten spontan loslegen. Mal als raffiniertes Abendbrot, für einen Spieleabend oder einfach mal so. Dieser Ratgeber soll Ihnen bei größeren Anlässen eine Hilfe sein.

Auswahl der Speisen

Die Zusammenstellung der Partyplatten richtet sich nach dem Anlass, der Jahreszeit und der Anzahl der Gäste. Je mehr Gäste Sie erwarten, um so mehr verschiedene Platten können Sie anbieten. Je wichtiger der Anlass der Einladung, desto aufwendiger werden die Platten sein.

Beherzigen Sie aber auch das Motto: „Weniger ist oft mehr": Beschränken Sie sich auf eine geschmacklich abgestimmte Kombination verschiedener Gerichte und verdoppeln Sie lieber einige Rezeptvorschläge. Zu viel Auswahl kann Ihre Gäste unter Umständen eher verunsichern als anregen.

Die Rezepte sind fast ausnahmslos gut vorzubereiten. Bei den Rezepten, die nicht lange stehen dürfen, steht auch sofort servieren dabei.

Vorbereitung

Ein Termin- und Arbeitsplan kann die Arbeit erleichtern. Je aufwendiger die Einladung und größer der Rahmen ist, desto genauer sollten Sie planen. Allein schon, um selbst einen kühlen Kopf bewahren zu können. Stellen Sie einen Zeitplan auf und tragen Sie alles, was an Vorbereitungen

nötig ist, in Ihren Zeitplan ein, z. B.: Einladung, Hilfe beim Vorbereiten, Lebensmitteleinkauf, Getränkeeinkauf, Geschirr, Tischdekorationen, Blumen, Kochvorbereitungen usw.

Einkauf und Zubereitung

Beim Kauf der Zutaten muss unbedingt auf frische Ware geachtet werden, denn die fertigen Platten stehen meist, wenn auch zugedeckt, noch lange bis zum Verzehr.

Aufschnitt- oder Käsescheiben sollten deshalb auch nicht zu dünn geschnitten sein (es sei denn, es ist im Rezept ausdrücklich erwähnt), denn wenn sie länger stehen, werden sie an den Rändern schneller trocken und sehen unansehnlich aus.

Natürlich ist die Zubereitung mit gutem Werkzeug leichter. Handrührgerät (oder Küchenmaschine), Pürierstab, Mixer, Toaster, Apfelausstecher werden bei vielen Rezepten benötigt. Gute, scharfe Messer und eine Küchenschere setzen wir voraus.

Wer häufig Partyplatten zubereitet und auch Wert auf eine schöne Dekoration legt, für den lohnt sich sicher über kurz oder lang die Anschaffung einiger Utensilien, wie z. B. Buntmesser, Kugelausstecher und Eischneider.

Anrichten auf den Platten

Die ausgewählten Speisen werden erst auf der Platte angerichtet, wenn alle Einzelrezepte fertiggestellt sind. Ansonsten kann es Ihnen passieren, dass alles schön arrangiert ist, die Platte aber schon voll ist, bevor die letzten Teile darauf sind und alles muss nochmals umverteilt werden.

RATGEBER

Die Platten sollten lieber etwas größer als zu klein sein (statt Platten können auch Tabletts, Tortenplatten, Holzbretter gute Dienste leisten. Schneidebretter z. B. mit Alufolie umwickeln). Für die Optik ist es schöner, wenn die Reihen nicht zu dicht gelegt werden, und es bietet sich die Möglichkeit, es noch hübscher zu garnieren. Z. B. können die unterschiedlichen Speisen noch durch Kräuter oder Gemüse abgegrenzt werden oder themenbezogene Dekorationen (Flagge oder Band) finden noch Platz.

Besteck und Geschirr

Legen Sie auch früh genug Anlegegabeln, Fleischgabel, Löffel, Tortenheber usw. bereit. Die Sucherei danach kann manchmal länger dauern, als gedacht, und wenn dann noch festgestellt wird, dass das Silber erst noch geputzt werden müsste, kann es doch noch hektisch werden.

Gläser, Geschirr, Essbesteck und Servietten sollten genügend bereit liegen (es wird bei Partyplatten die doppelte bis dreifache Menge an Geschirr gerechnet), denn bei Partyplatten wird gern noch mal ein Gang zu später Stunde eingelegt. Ein frischer Teller ist dann ganz angenehm oder auch, wenn beispielsweise von Fisch auf Käse gewechselt wird.

Falls es zu Engpässen beim Geschirr kommt, kann sich Geschirr geliehen werden. Entweder von Freunden oder Familie oder von einem Geschirrverleih (Telefonnummern lassen sich über das Branchenfernsprechbuch herausfinden).

Buffet

Kalte Platten können auch gut zu einem Buffet zusammengestellt werden. Besonders dekorativ ist es, wenn das Buffet auf unterschiedlichen Höhen, also in Stufen, aufgebaut wird. Die Tischdecken müssen dann groß genug sein, um den Unterbau für die Stufen, wie z. B. umgedrehte Schüsseln oder Konservendosen, zu verdecken.

Fingersnacks

Fingersnacks sind eine leckere Angelegenheit für jeden Anlass. Die kleinen Häppchen sind meist gut vorzubereiten und stehen sie erst einmal auf dem Tisch, haben die Gastgeber die Zeit, sich ihren Gästen zu widmen.

Fingersnacks lassen sich direkt von der Hand in den Mund genießen, d. h. eigentlich bedarf es nur einiger Tabletts oder Servierplatten und Servietten. Allerdings sind Teller für die Gäste auch sehr praktisch, denn dann können gleich mehrere Häppchen auf einen Teller gelegt werden und Holzspießchen oder andere sonstige Dinge müssen nicht in der Hand behalten werden.

Wieviele Häppchen werden gegessen?

Die Menge ist schwierig zu kalkulieren; sie hängt von der Tagesform, Tageszeit und dem Appetit der Gäste ab. Durchschnittlich werden in der ersten Stunde etwa 6–7 Häppchen pro Person gerechnet, dann nimmt der Appetit ab und es werden vielleicht noch weitere 4 gegessen.

Mineralwasser und Säfte sollten auf keinen Fall fehlen. Überhaupt sollten die Getränke großzügig kalkuliert werden, besser es bleiben einige Flaschen über, als das die Gäste auf dem Trockenen sitzen.

KAPITELREGISTER

HEYNE KOCHBUCH
07/2014

Herausgeber:	Genehmigte Lizenzausgabe für den Wilhelm Heyne Verlag, München, 2001
	http://www.heyne.de
Copyright:	© 2001 by Dr. Oetker Verlag KG, Bielefeld
Titelgestaltung:	Kontur Design, Bielefeld
Graphisches Konzept:	Andrea Kelger, Bielefeld
Gestaltung:	M·D·H Reiner Haselhorst, Bielefeld
Redaktion:	Jasmin Gromzik, Miriam Krampitz
Rezeptberatung:	Annette Elges, Bielefeld
Fotos:	Thomas Diercks, Hamburg
	Kramp & Gölling, Hamburg
	Fotostudio Lippert, Bielefeld
	Hans-Joachim Schmidt, Hamburg
	Fotostudio Toelle, Bielefeld
	Brigitte Wegner, Bielefeld
Satz:	Typografika, Bielefeld
Reproduktion:	Mohn Media · Mohndruck GmbH, Gütersloh
Druck:	Mohn Media · Mohndruck GmbH, Gütersloh

Printed in Germany

ISBN 3-453-19019-X